HYGGE FÜR EINSTEIGER

Das große Hygge Buch - Einfach glücklich sein

Mehr Gelassenheit und weniger Stress im Alltag

Christian Andersen

1. Auflage 2020

Originale Erstauflage

Redaktion: Finn Alexander Dubbels

Lektorat: Matthias Kramer

Druck/Auslieferung: Amazon.com oder eine Tochtergesellschaft

Cover: Alena Ozerova - Shutterstock.com

bearbeitet von Oliviaprodesign - fiverr.com

Impressum:

Christian Andersen wird vertreten durch:

Eulogia Verlags GmbH

Nagelsweg 22a

20097 Hamburg

Deutschland

Wir wünschen viel Vergnügen beim Lesen!

HYGGE FÜR EINSTEIGER

EULOGIA
VERLAG

INHALTSVERZEICHNIS

1. Vorwort

Hygge, dieses Wort haben viele schon einmal gehört. Es gibt hyggelige Möbel und hyggeliges Gebäck, und in Reiseführern sind die urigen Häuser der Dänen so richtig Hygge. Doch nur die wenigsten wissen, was es wirklich damit auf sich hat.

Hinter dem Wörtchen „Hygge“ verbirgt sich die Essenz des skandinavischen Lebensgefühls. Es bedeutet so viel wie Gemütlichkeit oder Geborgenheit.

Seinen Ursprung hat der Begriff in Dänemark, dem Herkunftsland des „hyggeligen“ Lebensgefühls. Hygge ist die Definition dieses Lebensgefühls. Menschen, die hyggelig leben, leben bewusst und genussvoll. Das gilt nicht nur für die Dänen, sondern auch für die Norweger, die Schweden und die Finnen. Hierzulande ist Hygge inzwischen ebenfalls weit verbreitet. Ratgeberzeitschriften vermitteln den dänischen Lebensstil, und in größeren Städten gibt es sogar Hygge-Kurse, in denen Interessierten die Grundlagen von Hygge beigebracht werden.

Am Ende des Buches erhalten Sie zwei Bonuskapitel on top, mit denen Sie Hygge unkompliziert in Ihren Alltag integrieren können. Denn Hygge ist mehr als nur ein Lebensgefühl, das jedem von uns guttut.

2. Hygge und das Glück

2.1. Was ist Hygge? Definition eines Lebensgefühls

Hygge sind die alltäglichen Dinge des Lebens, die Kleinigkeiten und die spontanen Unternehmungen, an die man sich noch lange zurückerinnert. Diese unterscheiden sich von Jahreszeit zu Jahreszeit. Oft sind es keine Dinge von materiellem Wert, sondern Ausdruck von Gemeinschaftlichkeit und Wertschätzung.

2.2. Auf den Spuren des Glücks

Wir alle streben danach, doch nicht jeder versteht darunter das Gleiche: Glück ist das Gefühl von Wohlbefinden und kann von Mensch zu Mensch etwas anderes bedeuten. Die Psychologie definiert Glück als einen Zustand, indem das Positive überwiegt. Die Religion und Philosophie sehen im Glück die Erfüllung der ureigenen Wünsche und Träume. Wörtlich genommen geht Glück auf das mittelhochdeutsche Wort „Gelücke" zurück, was so viel wie „Macht des

Schicksals“ bedeutet. Der Duden versteht unter Glück einen Zustand innerer Befriedigung.

Glück bedeutet also unterschiedliches, je nachdem, wen man fragt. Das persönliche Glück, welches durch Hygge ausgedrückt wird, kann als positiver Grundzustand beschrieben werden. Und der ist sogar messbar. Ob jemand glücklich ist, lässt sich zum Beispiel an der Gestik und Mimik einer Person erkennen. Glückliche Menschen stehen aufrecht und strecken den Brustkorb nach vorn, lächeln und wahren Augenkontakt. Das Lächeln ist dabei ein sogenanntes Duchenne-Lächeln, bei dem die Augen mitlächeln. Nur wenn es vorhanden ist, ist eine Person wirklich glücklich, so die Forschung.

Glück ist also messbar und schon die Körpersprache offenbart vieles über eine Person. Forscher machen sich das zunutze, um das Glück zu studieren. Auch die Gehirnströme geben Aufschluss darüber, ob eine Person glücklich ist. Bei frohen und ausgelassenen Menschen sind andere Hirnareale aktiv als bei unglücklichen Menschen. Das führt in der Folge zu anderen Gedanken und anderen Handlungen. Das wiederum bedeutet, dass Menschen, abhängig davon, wie glücklich sind, ihren Alltag auch unterschiedlich gestalten. Eine glückliche Person ist offen und lebt hyggelig, plant gemeinsame Aktivitäten mit anderen Menschen und sammelt positive

Erinnerungen. Wer unglücklich ist, zieht sich eher zurück und hat es schwieriger, das Glück in den kleinen Dingen des Lebens zu sehen.

Sozialisierung macht glücklich

Ein wichtiger Glücksfaktor sind soziale Beziehungen. Der Kontakt mit anderen Menschen ist, direkt nach körperlicher Gesundheit und einem Dach über dem Kopf, das grundlegende menschliche Bedürfnis. Eine britische Studie aus dem Jahr 2008 hat dem Glückswert von sozialen Beziehungen sogar einen finanziellen Wert zugeschrieben: 110.000 US-Dollar jährlich! Das ist zwar nur eine imaginäre Zahl, aber sie zeigt gut auf, wie wertvoll der Kontakt mit anderen Menschen für das seelische Wohlbefinden sein kann.

Messbar sind auch die Aktivitäten, die uns besonders glücklich machen. Am zufriedensten sind die Menschen demnach beim Entspannen, beim Essen, beim Sozialisieren – und beim Sex.

Es gibt einige Tugenden, die das Glück stärken. Dazu gehören soziale Beziehungen, gutes Essen, ausreichend Schlaf und körperliche Aktivität. Vereinfacht gesagt: Glück ist wie ein Blumenstrauß. Es besteht aus verschiedenen Komponenten. Darum kann Glück oft nicht so leicht in Worte gefasst werden.

Sicher ist: Die glücklichsten Menschen leben in Dänemark. Das geht aus dem UN-“World Happiness Report“ hervor. Direkt dahinter kommen Norwegen und Schweden, gefolgt von anderen skandinavischen Staaten wie Island und Grönland. Am glücklichsten sind die Menschen in jenen Ländern, die den Hygge-Lebensstil für sich beanspruchen. Die Schweden oder die Finnen lieben das hyggelige Gefühl fast ebenso sehr wie die Dänen und verbinden es mit ihren ganz landeseigenen Traditionen – die Finnen mit einem atmosphärischen Abend in der Skihütte und die Schweden mit Valborg, der Walpurgisnacht.

2.3. Der Einfluss von Glücklichsein auf den Alltag

Wer glücklich ist, strahlt das auch aus. Andere Menschen nehmen diese positiven Schwingungen auf und begegnen uns auf dieselbe Weise. Dadurch wird eine positive Grundstimmung erzeugt. Es eröffnen sich neue Möglichkeiten und Chancen. Wer glücklich und offen ist, zieht Menschen an, die ebenfalls eine positive Grundstimmung ausstrahlen.

Andersherum sind unglückliche Menschen ablehnend und negativ. Sie treffen Entscheidungen aus einer Position des Pessimismus heraus und können die Situation oft nicht genau abschätzen. Weil sie wenig Vertrauen in ihre Handlungen haben, geben unglückliche Menschen oft schneller auf – die berühmte selbsterfüllende Prophezeiung tritt in Kraft.

Ebenso handeln wir anders, wenn wir unglücklich sind. Wir ziehen uns zurück, schotten uns ab und wollen mit niemandem reden – und das ist so gar nicht hyggelig.

Darum gilt es, das Glücklichsein zu praktizieren. Und das lässt sich zum Glück lernen.

2.4. Kann man Glücklichsein lernen?

Jeder Mensch möchte glücklich sein. Doch längst nicht alle Menschen sind es. Dabei kann man Glücklichsein lernen, so die Meinung der Wissenschaft. Langjährige Forschungen und Studien sind zu dem Ergebnis gelangt, dass Glück – auf seine wesentlichen Bestandteile heruntergebrochen – immer gleich aussieht. Forscher haben die Essenz des Glücks auf eine simple Formel reduziert. Laut dieser Formel setzt sich das Glück aus folgenden Faktoren zusammen: zehn Prozent Lebensumstände, 40 Prozent alltägliches Verhalten und 50 Prozent ureigene Persönlichkeit. Diese drei Faktoren machen Glück aus.

Unsere Gene mögen fest verankert sein, doch die restlichen 50 Prozent – unsere Umstände, und wie wir darauf reagieren – sind veränderbar. Wie das geht? Indem wir den kleinsten Teil in die Veränderung unserer Umstände investieren und den größten Teil darin, wie wir auf sie reagieren. Am wichtigsten ist, wie wir mit dem Gegebenen umgehen. Es bringt nichts, auf „Glückssuche“ zu gehen. Vielmehr gilt es, das Glück in den kleinen Dingen zu finden – den Dingen, die schon in unserer Reichweite sind, die wir aber nicht wahrnehmen. Das kann ein Spaziergang mit Freunden oder ein gemütliches Buch auf der

Couch sein. Das wichtigste ist, gemäß der Glücksformel, nicht die Situation an sich, sondern wie wir sie wahrnehmen.

Einfach gesagt: Indem wir die kleinen Dinge wertschätzen, fühlen wir uns glücklich und zufrieden. Kurz: Wir leben im Moment, und damit ganz „Hygge“.

„ Einfach glücklich sein“ – das ist leichter gesagt als getan. Im alltäglichen Trubel fällt es nicht immer leicht, das Positive zu sehen. Doch Glückssuchende stehen nicht alleine da. Sie können sich auf Glücksformeln stützen, zum Beispiel das PERMA-Modell des Wissenschaftlers Martin Seligman. Darin wird das Glücklichsein zu Punkten zusammengefasst, mit denen sich jeder verständigen kann: positive Emotionen, Engagement, positive Beziehungen, Zielerreichung und die Bedeutung des Ganzen.

Ein Praxistipp: Nehmen Sie einen Zettel und notieren Sie jeden Tag drei positive Dinge, die Sie erlebt haben. Das kann ein guter Witz oder das Lächeln eines Arbeitskollegen sein. Wichtig ist, positive Erlebnisse in Erinnerung zu rufen. Bald wendet das Gehirn diese Strategie ganz automatisch an und Sie können den Zettel weglassen.

Zum Schluss drei Tipps für mehr Glück:

1. Lachen macht glücklich

„Lach doch mal" – klingt einfach, ist es auch. Ob mit Freunden oder Kollegen, Lachen ist die einzige Sache, die Ihnen garantiert ein Lächeln auf die Lippen zaubert. Lachen können Sie bei fast jeder Tätigkeit und in den meisten Lebenslagen. Ein guter Comedy-Streifen kitzelt die Lachmuskeln ebenso wie die witzigen Anekdoten eines Kollegen. Beim Lachen werden Glückshormone ausgeschüttet und die Bindung zu den Personen gestärkt, mit denen man Zeit verbringt.

2. Ein Glückstagebuch macht glücklich

Was bringen all die Glücksmomente, wenn wir uns später nur noch an die Hälfte erinnern? Hygge wird gleich viel schöner, wenn Sie Ihre Erinnerungen in einem Glückstagebuch niederschreiben. Wie hat sich das Glück in dem Moment angefühlt? Welche Momente waren besonders toll? Hier kommt alles rein, was glückliche Erinnerungen schafft. Wie in einem Tagebuch können Sie später darin blättern und von den schönen Zeiten träumen.

3. Bewegung macht glücklich

Um glücklich zu sein, braucht es nicht viel. Nur ein paar Laufschuhe, ein Fahrrad oder eine ruhige Wegstrecke für einen seligen Spaziergang. Nach einer Runde Sport schüttet der Körper Glücksgefühle aus. Eine ausgiebige Wanderung bringt den Geist auf andere Gedanken. Das Ganze wird mit Hygge kombiniert, indem Sie die Aktivität so richtig auskosten. Spüren Sie den Wind in Ihren Haaren. Genießen Sie die Sonne auf der Haut. Saugen Sie jede Einzelheit der Natur um sich herum auf wie ein Schwamm.

Glücklich sein kann so einfach sein. Die Dänen machen es vor. Hygge ist der Schlüssel dazu, das Glück hereinzulassen und die Sorgen für ein paar Stunden auszusperren.

3. Hygge – die Basics

Hygge kann jeder. Die Basics des hyggeligen Lebensgefühls helfen dabei, in jeder Situation Hygge zu sein. In diesem Kapitel geben wir einen Überblick über die Grundlagen von Hygge.

3.1. Warum es ohne Vertrauen nicht geht

Ein gemütlicher Abend mit Freunden, ein inniges Gespräch mit dem Lebenspartner: All das hat mit Vertrauen zu tun. Und Vertrauen macht glücklich. Wer vertraut, für den ändert sich das Fühlen und Erleben maßgeblich. Das Leben wird entspannter, positiver.

Im Duden wird Vertrauen auch folgendermaßen definiert: „Ein Gefühl von Sicherheit bei gleichzeitiger Verletzlichkeit." Vertrauen ist der Stoff, der die Gesellschaft zusammenhält. Er erlaubt es uns, Beziehungen zu führen und miteinander zu arbeiten. Wer vertraut, ist bereit, sich zu öffnen, seine Stärken und Schwächen zu teilen.

Umgekehrt führt fehlendes Vertrauen zu Verschlossenheit. Oft ist sich die Person, der nicht mehr vertraut wird, gar nicht über diesen Umstand bewusst. Schließlich bedarf es Vertrauen, Probleme anzusprechen.

Das zeigt, dass Hygge und Vertrauen eng miteinander verbunden sind. Vertrauen ist die Basis, um hyggelig zu empfinden. Fehlt es, können wir schwerlich entspannen. Der Körper schaltet dann in den evolutionär bedingten „Fight or Flight"-Modus, also in den Kampf-oder-Flucht-Modus. Um das zu vermeiden und wirklich Hygge leben zu können, muss zunächst eine Vertrauensbasis geschaffen werden. Wissenschaftler haben die Grundlagen für Vertrauen in sechs Punkte eingeteilt. Wir zeigen, wie diese im Zusammenhang mit Hygge stehen:

1. Zuverlässigkeit

Jemand, der zuverlässig ist, steht zu seinem Wort und erfüllt seine Pflichten. In Bezug auf Hygge bedeutet das: Das øllebrød (Bier-Brot-Suppe) auf den Herd zu stellen und sicher sein, dass der Gast pünktlich zum Essen eintrifft, ist Hygge. Auf jemanden warten zu müssen, ist es nicht.

2. Transparenz

Fehlende Transparenz führt dazu, dass wir das Schlimmste befürchten. Gerade bei Hygge ist Transparenz wichtig, denn Sicherheit ist ein wichtiger Punkt von Hygge. Außerdem heißt Transparenz sein, Gefühle ohne Angst zu zeigen und zu sagen, was man denkt.

3. Kompetenz

Jemand, der kompetent ist, ist gut in dem, was er tut. Wer einer kompetenten Person eine Aufgabe überträgt, kann sicher sein, dass diese zufriedenstellend erledigt wird. Kompetenz ist deshalb ein wesentlicher Vertrauensfaktor. Auf Hygge bezogen ist Kompetenz weniger wichtig, doch im Zusammenspiel mit den anderen Faktoren ist sie essenziell.

4. Ehrlichkeit

Bei Hygge heißt Ehrlichkeit auch, schwere Themen auszublenden. Steuern oder Krankheit, mag das Thema noch so dringlich sein, haben in einer hyggeligen Situation nichts zu suchen.

5. Fairness

In einer Beziehung sind beide Seiten wichtig. Jemand, der die Bedürfnisse seiner Mitmenschen beachtet, strahlt Fairness aus. Gleichberechtigung ist auch bei Hygge wichtig, denn nur wenn alle zufrieden sind, entsteht ein hyggeliges Gefühl.

6. Offenheit

Vertrauen beginnt mit einer Entscheidung. Es gilt, Ja zum Vertrauen zu sagen. Und sich dann mit ganzem Herzen dem Vertrauen zu widmen – zum Beispiel durch Hygge. Je mehr wir das Vertrauen füttern, desto größer wird es. Es wächst und gedeiht, und in schlechten Zeiten können wir uns daran wärmen wie an einem guten Lagerfeuer.

Wie sehr Vertrauen und Glück Hand in Hand gehen, zeigt sich in skandinavischen Unternehmen. Dort geht es um Mitarbeitervertrauen statt Mitarbeiterführung. Die Angestellten werden ins sprichwörtlich kalte Wasser geworfen, müssen sich selbst einarbeiten. Dieses Vertrauen wird belohnt – durch Mitarbeiter, die mitdenken und eigene Ideen einbringen. Auch die Mitarbeiter selbst sind glücklicher, da sie ihre Kreativität ausleben können und keine Angst haben müssen, das Falsche zu sagen.

Auf Hygge bezogen bedeutet Vertrauen etwas ganz Ähnliches: sagen zu können, was man denkt, und seine Persönlichkeit voll entfalten zu dürfen. Wer kein Blatt vor den Mund nehmen muss, weil er unter Freunden ist, der kann hyggelig empfinden.

„Hyggelig" – was bedeutet das eigentlich?

Der Begriff „hyggelig" stammt aus dem Dänischen und geht auf das Substantiv „hu" zurück – „Sinn" oder „Gedanke". Daraus haben sich die Wörter „sorgfältig" und „nachdenklich" abgeleitet, welche jedoch nicht mit der heutigen Bedeutung von Hygge in Einklang stehen. Erst im 19. Jahrhundert hat sich der Begriff der modernen Bedeutung angenähert: „Wohlbefinden verbreitend". Das Gegenteil von hyggelig ist unhyggelig. Es wird zum Beispiel bei leichtem Unbehagen verwendet. Oder netter ausgedrückt: „Alles andere als hyggelig."

Der Ursprung von Hygge

Seinen Ursprung hat Hygge noch vor dem 18. Jahrhundert. Damals bildete die Feldarbeit in Dänemark den größten Industriezweig und die Menschen verbrachten den Großteil des Tages im Freien. Weil es zu dieser Zeit noch keine Elektrizität gab, mussten die Menschen auf Kerzen zurückgreifen, um sich Wärme und Licht zu schaffen. Die kalten Winter führten dazu, dass man noch näher zusammenrückte und jeden Moment im Warmen auskostete. So entstanden nach und nach die Grundlagen für Hygge.

Über die nächsten Jahrzehnte und Jahrhunderte hat sich Hygge zu dem entwickelt, was es heute ist. Auch mit der Einführung der Glühbirne und dem Siegeszug der Technologien in den letzten Jahren hat sich nichts an den Grundpfeilern von Hygge geändert. Allerdings ist die dänische Philosophie moderner geworden. Heute integrieren die Dänen oftmals auch Trends aus anderen Ländern in ihre Hygge-Aktivitäten.

3.2. Die drei Säulen der Gelassenheit

Die Wechselwirkung zwischen Freunden und Hygge

Der Mensch ist ein soziales Wesen. Wir alle sind glücklicher, wenn wir ein paar gute Freunde um uns herum haben (oder einen sehr guten). Das äußert sich schon darin, wie ausgelassen und gesprächig man unter Freunden ist, und wie unmotiviert alleine. Freunde geben uns die Möglichkeit, unsere Gedanken zu teilen, ohne Angst haben zu müssen, bewertet zu werden. Wir können offen und ehrlich sein und erhalten im Gegenzug Offenheit und Ehrlichkeit zurück.

Freundschaft und soziale Kontakte reduzieren laut verschiedener Studien auch das Risiko für depressive Verstimmungen und vergleichbare Beschwerden. Ein wenig Hygge mit Freunden macht also nicht nur glücklicher, es verbessert langfristig auch die seelische Gesundheit.

Die meisten hyggeligen Dinge sind ohnehin darauf ausgelegt, sie mit Freunden zu teilen. Dänen empfinden vier bis fünf Freunde als die ideale Zahl für ein hyggeliges Gefühl. Mehr, und der Abend artet schnell in Stress aus.

Freundschaft und Hygge, das gehört fest zusammen. Doch welche Aktivitäten sind die richtige Wahl für eine hyggelige Zeit mit Freunden? Eine Radtour in die Natur, gemeinsam kochen, gemeinsam essen, zusammen ein Brettspiel aus Kindheitstagen spielen. Die Möglichkeiten sind unzählig und bieten für jeden Geschmack das Richtige.

Hygge und Geld

„Geld regiert die Welt", aber zum Glück nicht beim Hygge. Die hyggeligsten Dinge sind nämlich kostenlos oder zumindest sehr günstig. Kerzen kosten wenige Cent (in Dänemark gibt es sogar Kerzenschlussverkäufe), Obst und Gemüse sowie natürliche Dekorationen gibt es in Wald und auf Wiesen oft umsonst. Der Grund dafür liegt in der Geschichte der dänischen Tradition begründet. Immerhin ist Hygge in einer Zeit entstanden, in der die Menschen nicht viel Geld hatten. In den dunklen und kalten Wintermonaten war es umso wichtiger, eng zusammenzurücken. Schulter an Schulter, vor dem prasselnden Kaminfeuer, ist das Hygge-Gefühl entstanden.

Das soll nicht heißen, dass Geld und Hygge nicht zusammenpassen. Wer es sich leisten kann, erlebt durch Reisen und hochwertige Confiserie besondere

Glücksmomente. Diese Momente sind jedoch nicht besser oder schlechter als Kaffehygge oder ein hyggeliges Lagerfeuer. Nur eben anders.

Die Glücksforschung hat herausgefunden: Geld macht glücklich – aber nur bis zu einem bestimmten Punkt. Wenn der Kühlschrank voll ist und die Wohnung warm und die Stromrechnung beglichen ist, haben 100 Euro mehr oder weniger auf dem Konto keinen großen Einfluss auf das Glück. Dann sind es ebenjene Dinge, die Hygge bedeuten, welche den Unterschied machen.

3.3. Essen, Trinken und Wohnen

Hygge beschränkt sich nicht auf einen Lebensbereich. Für die Skandinavier gibt es jedoch einige wesentliche Punkte, die das trinkentypische Lebensgefühl beschreiben: Essen, Trinken und Wohnen.

Die Wohnung ist der Ort, an den wir uns nach einem schweren Arbeitstag zurückziehen. Sie ist der sichere Bereich, in dem wir entspannen, neue Kräfte tanken und einen großen Teil unseres Lebens verbringen. Die Dänen gestalten ihre eigenen vier Wände ganz im Zeichen dieser Grundsätze. Heimelig muss es sein, und zum Wohlfühlen einladen. Wie das umgesetzt wird, ist ganz unterschiedlich. Die meisten Skandinavier einigen sich jedoch auf einige grundlegende Punkte: eine unaufgeregte Inneneinrichtung, traditionelle, urige Möbel und Dekoration, die gerne auch etwas kitschig sein darf.

In Dänemark kennt man den Slogan „je kleiner, desto hyggeliger“. Das trifft nicht nur auf die Häuser der Dänen zu, die selten mehr als drei oder vier Stockwerke haben, sondern auf fast alle hyggeligen Dinge. Bei der Dekoration sind es die kleinen Objekte – die selbstgemachte Tasse oder die Postkarten aus dem Südsee-Urlaub – die am meisten hyggelig sind. Der Grund dafür liegt in der inneren Einstellung der

Dänen. Das Glück ist in den kleinen Momenten und damit auch in den kleinen Dingen zu finden. Für Sie heißt das, dass Sie mit Hygge ebenfalls im Kleinen beginnen können. Ein schöner Strauß Blumen, selbst gepflückt, in einer alten Vase auf der sonnigsten Stelle auf dem Balkon platziert – das ist Hygge.

Hyggelige Tischsitten: So essen die Dänen

Bevor wir uns den liebsten Speisen und Getränken der Dänen zuwenden, werfen wir einen Blick auf ihre Tischsitten. Diese unterscheiden sich in einigen Punkten von den Tischsitten, die bei uns herrschen, und fügen sich wunderbar in den hyggeligen Lebensstil der Dänen ein. Zuerst zu den Begrifflichkeiten: Das Mittagessen heißt in Dänemark Middag, das Abendessen Aftensmad. Gegessen wird meist am frühen Abend, da mittags oft außer Haus in einem Restaurant gegessen wird oder die Kaffeepause das Mittagessen ersetzt.

Grundsätzlich wird in Dänemark gemeinsam am Tisch gegessen. Familien versammeln sich dann ohne Ablenkungen, um das Essen zu genießen und den Tag Revue passieren zu lassen. Auch das Einladen von Freunden und Kollegen gehört zur dänischen Esskultur. Vor dem Fernseher oder alleine im Zimmer zu essen, ist in Dänemark nicht so weit verbreitet wie in anderen Ländern der Welt. Gerade in traditionellen Haushalten ist es nicht gern gesehen, mit einem vom Gastgeber bereiteten Mahl im Zimmer zu verschwinden. Das gemeinsame Essen bildet die Grundlage für Hygge und gehört in Dänemark einfach dazu.

Nach dem Essen bedanken sich die Anwesenden beim Koch für das Mahl. Dann sagt man „Tak me for dad“ (Danke für das Essen). Zu guter Letzt ist es üblich, das Essen mit einem Magenbitter ausklingen zu lassen.

Hygge-Food: Nahrungsmittel, die ein besonders hyggeliges Gefühl erzeugen

Es gibt einige Nahrungsmittel, die dieses besondere Gefühl hervorrufen. Meist handelt es sich dabei um warme und selbstgemachte Speisen, bei denen man die Liebe und Aufmerksamkeit, die in die Zubereitung geflossen sind, aus jedem Biss herausschmeckt.

Die berühmte Zimtschnecke, für die die Dänen bekannt sind, ist ein solches Nahrungsmittel. Sie ist nicht nur eine positiv stimmende Gaumenfreude, sondern vermittelt auch Heimat und Geborgenheit. Zusammen mit einer dampfenden Tasse Tee und einem interessanten Gespräch mit Freunden ist sie der kulinarische Inbegriff von Hygge.

Die Dänen kennen noch viele weitere Arten von Gebäckschnecken. Neben der Zimtschnecke ist auch die Nussschnecke beliebt. Diese besteht aus einer nussigen Substanz und ist meist mit geraspelten Nüssen bestreut.

Die Käseschnecke ist eine weitere Variante. Anstelle von Zimt und Nüssen ist der Hauptbestandteil der Schnecke würziger Gouda oder herzhafter Emmentaler.

Die Schokoschnecke ist ebenfalls beliebt. Sie besteht meist aus Vollmilchschokolade und ist mit Schokolade glasiert. Die verschiedensten Gebäckschnecken können Sie auch selbst zubereiten. Im Feinkostgeschäft gibt es oft eine Auswahl der beliebten Köstlichkeiten. Da sich das Backwerk der Dänen in weiten Teilen jedoch nicht von dem Gebäck unterscheidet, das es hierzulande gibt, bietet auch die örtliche Bäckerei leckere Zimt-, Nuss-, Käse- und Schokoschnecken.

Kagemand:

Kagemand (auf Deutsch etwa Kuchenmann) ist ein Kuchen in Form eines kleinen Jungen oder Mädchens. Die Leckerei wird vor allem auf Kindergeburtstagen serviert. Während der Kagemann vom Geburtstagskind angeschnitten wird, jubeln die anderen Kinder.

Kagemann wird aus unterschiedlichsten Kuchen gemacht und mit Schlagsahne serviert. Er hat in Dänemark eine lange Tradition, wo er auch gerne die Form von Tieren oder eines Superhelden annimmt.

Pastete:

Leverpostej (Leberpastete) ist eine Pastete aus Gänseleber und häufig Trüffeln. Sie wird in Dänemark zu verschiedenen Gerichten, vorwiegend zu frisch gebackenem Brot, gereicht und darf bei keinem hyggeligen Zusammenkommen fehlen. Beliebt ist Leberpastete insbesondere grovhakkt (grob gehackt), mit dänischem Backwerk und Aquavit serviert. Dänische Leberpastete gibt es hierzulande im Feinkostgeschäft. Noch besser schmeckt sie selbstgemacht.

Tebirkes:

Tebirkes ist ein dänisches Frühstücksgebäck aus Blätterteig. Es wird mit verquirltem Ei und Zucker bestrichen und mit Mohn bestreut. Tebirkes gibt es in unterschiedlichen Varianten mit Schokolade, Käsefüllung oder auf Haferbasis. Ein Croissant nach Tebirkes Art wird auch Frøsnapper genannt.

Tebirkes, als typisch dänisches Backwerk, darf auf keinem Frühstückstisch fehlen. Serviert wird es mit Kaffee oder Kakao der dänischen Kultmarken Cocio und Matilde.

Labskaus:

Labskaus ist ein Gericht mit Rindfleisch und Roter Beete. In Deutschland isst man es vorwiegend im hohen Norden, in Dänemark überall und zu jeder Gelegenheit. Dort wird vor allem das Skipperlabskovs gegessen. Dabei handelt es sich um Labskaus, der aus Schweinefleisch und anderen landestypischen Zutaten besteht. Labskaus wird traditionell mit Kartoffeln gegessen.

Die hyggeligsten Getränke der Dänen enthalten eine von zwei Komponenten (oder beides): Schokolade oder Alkohol. Die Vielfalt der dänischen Getränke auf diese zwei Zutaten herunterzubrechen, würde ihnen jedoch unrecht tun. Auf der Speisekarte stehen auch Kaffee, Tee in all seinen Geschmacksrichtungen und Säfte. Besonders beliebt ist Apfelsaft, vor allem selbst gepresst und zum Abendbrot genossen.

Als Letztes noch ein kleines Rezept für ein hyggeliges Getränk: Zitronenlimonade

An heißen Tagen gibt es fast nichts Besseres als eine kühle Zitronenlimonade. Selbstgemachte Limonade macht sich gut auf der nächsten Grillfeier oder im Picknickkorb.

Die Zutaten für circa 1,5 Liter Zitronenlimonade:

- 1 Liter Mineralwasser
- 2 Milliliter Zitronensaft
- 200 Gramm Zucker
- 2 frische Zitronen
- 5 Stiele Minze
- 1 Stückchen Ingwer

Zubereitung:

1. Ingwer schälen und fein hacken. Mit Wasser und Zucker unter Rühren kurz aufkochen lassen. Abkühlen lassen.

2. Das entstandene Sirup durch einen Sieb mit Zitronensaft und einen Liter Wasser gießen.

3. Zitronen waschen und in dünne Scheiben schneiden. Minz-Stiele waschen und Blätter abzupfen. Zitrone und Minze-Stiele zur Limonade geben und eisgekühlt servieren.

Die Zitronenlimonade sollte innerhalb von ein bis zwei Tagen getrunken werden. Das Zitronensirup ist im Kühlschrank zwei bis drei Wochen haltbar.

Trinken

Zu jeder guten Mahlzeit gehört ein gutes, hyggeliges Getränk. Doch was macht ein Getränk hyggelig? Und gibt es überhaupt so etwas wie ein typisches Hygge-Getränk? Die Antwort lautet Ja. Es gibt sogar mehr als eines. Doch an der Spitze der hyggeligsten Getränke steht ganz eindeutig heiße Schokolade. Es mag die Schokolade oder die wärmende Temperatur sein – vermutlich ist es beides –, doch heiße Schokolade hat etwas ganz Besonderes an sich. Viele verbinden heiße Schokolade mit Kindheit. Viele mit bitterkalten Wintertagen, wenn der erste Neuschnee fällt und ein Feuer im Kamin prasselt. Dann wird der Topf mit der heißen Schokolade aufgesetzt und mit Vollmilch oder Wasser serviert.

Kinder lieben heiße Schokolade. Verantwortlich ist nicht nur die Schokolade, sondern die Kombination mit Wärme und Zutaten wie Zimt oder Sahne, die wir gerne hinzufügen.

Direkt hinter der heißen Schokolade folgt Kaffee. Es ist nicht nur der Kaffee selbst, sondern auch die Textur der Bohnen und das Aroma, welches hyggelig ist. Ein köchelnder Hofen Kaffee auf dem Herd, während das wohlig-bittere Aroma sich verbreitet – das bedeutet Glück pur.

Dänische Serien wie The Killing oder Borge zeigen: Heiße Getränke werden von vielen Dänen unmittelbar mit Hygge assoziiert. Die Dänen lieben ihren heißen Kaffee und eine Tasse geschmolzene Schokolade. Sie haben sogar ein eigenes Wort für ihre hyggelige Liebe zu heißen Getränken: Kaffehygge – ein Kofferwort aus Kaffee und Hygge.

Kaffee ist Hygge. Jeder, der einmal eine heiße Tasse Kaffee in den Händen gehalten hat, während draußen der Regen an die Scheibe trommelte, weiß warum.

Im Frühjahr und Sommer sind fruchtige Säfte das perfekte Hygge-Getränk. Die Dänen lieben Apfelsaft, Traubensaft oder Birnensaft. Praktisch alles an Obst und Gemüse, das sich findet, kann zu Säften verarbeitet werden. Dafür wird nur eine Fruchtpresse und etwas Kreativität benötigt. Denn die Dänen lieben ihre Säfte zwar simpel hyggelig, aber geben ihnen gerne noch das gewisse Etwas. Da wird der Apfelsaft mit einem Spritzer Zitronensaft verfeinert und der Orangensaft mit ein paar Eiswürfeln abgekühlt.

Gerne wird Fruchtsäften mit Alkohol eine zusätzliche Note verpasst: Rotwein für eine erfrischende Weinschorle, ein Schüsschen Wodka in den Maracuja-Drink. Beliebt ist auch Veilchen-Likör mit Vanillesirup. Oder eine ganz eigene Kreation, die – ganz Hygge – mit Freunden ausgiebig diskutiert und probiert wird. Das Experimentieren und Erfinden ist auch ein Teil des dänischen Lebensgefühls, auch wenn sie zum Schluss doch gerne zum Altbewährten zurückkehren.

Wie bereits erwähnt, geht es beim Essen auch um den Prozess des Zubereitens. Beim Gemüse schneiden, Soße anrühren, Plätzchenteig ausrollen und Kaffee brühen ist Zeit für Gespräche über den Alltag, die Familie und andere hyggelige Dinge. Dabei wird sich in der Regel bei jedem Schritt viel Zeit gelassen. Ganze Vormittage können vergehen, während ein liebevolles Mahl zubereitet wird.

Ein Hygge-Getränk ist ein Getränk, das Wohlbefinden verbreitet und Ihnen ein Lächeln auf die Lippen zaubert. Für viele erfüllt heiße Schokolade diesen Zweck. Für andere ist es Kaffee oder Tee. Welches Getränk auch das wohlige Gefühl im Magen hervorruft: Sie sollten es bei jeder Gelegenheit genießen und diese besonderen Momente mit besonderen Menschen teilen.

Einfach gesagt: Wenn Dänen und Skandinavier im Allgemeinen Hygge praktizieren, essen sie alles, was ihnen schmeckt. Jedoch mit Genuss und im Kreise von liebgewonnenen Menschen. Die Zubereitung eines leckeren Mahles kann ebenso Hygge sein wie die Momente nach dem Essen, wenn gemeinsam der Tisch abgeräumt wird und man sich für ein Brettspiel oder einen letzten Plausch versammelt.

Wichtiger sind beim Hygge ohnehin die Umstände. Erst die guten Freunde machen den Grillabend zu einem besonderen Erlebnis. Die Erinnerungen, die wir mit selbst gebackenen Plätzchen verbinden, sind erst für das hyggelige Gefühl verantwortlich. Sind diese Punkte gegeben, lässt sich das hyggelige Gefühl mit einigen Lebensmitteln ganz leicht verstärken. Dazu gehören, neben der Zimtschnecke, Backwaren aller Art. Hierzulande wird der Butterbreze oder auch dem selbstgemachten Pausenbrot ein hyggeliges Gefühl zugeschrieben. Die Hygge-Ernährung ist von Land zu Land also sehr unterschiedlich. Omas Zitronenkekse oder auch die Süßspeise aus dem Schweden-Urlaub, die ein besonderes Gefühl vermittelt, gehören fest dazu.

Übrigens: Die perfekte Anzahl an Freunden für einen hyggeligen Abend ist drei oder vier. Das sagen zumindest die Dänen, und die haben Hygge immerhin erfunden. Die Größe der Hygge-Gesellschaft hängt vom Geschmack ab, doch naturgemäß ist es mit weniger Leuten immer etwas behaglicher.

Wenn sich doch einmal mehr Leute einfinden, als geplant war, kennen die Dänen einen guten Trick, um dennoch Hygge zu schaffen: die Gesellschaft in Gruppen einteilen. Ähnlich wie es beim Familienessen einen Tisch für die Kinder und einen Tisch für die Erwachsenen gibt, bilden sich zwei Gruppen. Während die einen dem Gastgeber oder der Gastgeberin beim Kochen unter die Arme greifen, decken die anderen den Tisch. Denn auch Zusammenarbeiten ist wichtig, um es wirklich hyggelig zu haben. Am Ende sitzen alle gemeinsam an einem Tisch und genießen das Mahl.

Hygge steht auch für eine bewusste Ernährung. Das heißt: das Abendessen am Esstisch und in Gesellschaft der Familie genießen. Ein gemeinsamer Kochabend und Gespräche über Gott und die Welt sind ein wichtiger Teil. Hygge bedeutet, den Augenblick zu genießen und jeden Moment voll auszukosten.

Nach dem Essen kümmert man sich gemeinsam um den Abwasch und lässt den Abend auf der Terrasse bei Gammel Dansk (ein Magenbitter aus 29 Gewürzen) und einem von Dänemarks berühmten Sonnenuntergängen ausklingen.

Gemeinsam kochen ist Hygge

Hygge bedeutet, sich auch mal etwas zu gönnen. Ab und zu mal sündigen und Futter für die Seele genießen – auch das gehört zur dänischen Glücksphilosophie. Nach einem anstrengenden Arbeitstag darf es gerne ein süßes Gebäckstück oder eine Pizza vom Bringdienst sein. Wichtig ist, die Balance zu bewahren. So folgt auf die sättigende Mahlzeit ein ausgedehnter Verdauungsspaziergang, der ebenfalls Glücksgefühle ausschüttet – eine Win-win-Situation also, und einer der Gründe, warum die skandinavischen Länder als die glücklichsten überhaupt gelten.

In Schweden, Finnland oder Dänemark ist das gemeinsame Kochen der Inbegriff von Hygge. Da wird zusammen Gemüse geschnippelt, man unterhält sich nebenbei über Gott und die Welt und zwischendurch wird immer wieder von den köchelnden Speisen gekostet. Wenn das liebevoll bereitete Mahl schließlich fertig ist, setzt man sich gemütlich an den liebevoll gedeckten Tisch. Nun heißt es, Speis und Trank so richtig zu genießen.

So gestalten Sie ein hyggeliges Wohngefühl

Eines der grundlegenden Hygge-Elemente für das typisch dänische Wohngefühl sind Kerzen. Kleine Grüppchen von Stumpenkerzen oder liebevoll platzierte Teelichter und Kerzenhalter sind typische Wohnaccessoires in skandinavischen Ländern. Was nicht geht: Duftkerzen. Die künstlichen Düfte werden von den Dänen nämlich als unangenehm und absolut unhyggelig empfunden. Elektrisches Licht ist natürlich erlaubt. Es sollte aber indirekt gestaltet sein und eine warme Farbtemperatur bieten. Lichterketten oder dimmbares Ambiente-Licht sind genau das Richtige.

3.3.1. Es riecht nach Hygge

Hygge kann man nicht nur sehen, hören und fühlen, sondern auch riechen. Der Hygge-Geruch ist immer gleich und immer anders. Der Geruch von frisch gebackenem Smørrebrød ist Hygge. Wie die Luft nach einem Regenfall riecht, ist Hygge. Kerzenduft und Blumenduft sind Hygge.

Nicht Hygge sind künstliche Düfte. Parfümierte Kerzen sind genau so wenig Hygge wie der bittere Duft von chemischen Reinigungsmitteln. Hygge-Düfte sind wohlig und dezent. Sie heißen willkommen und laden zum Verweilen ein. Wer einmal an einem kalten Wintertag eine warme Bäckerei betreten hat, wo gerade eine frisch gebackene Kirschtorte aus dem Ofen geholt wurde, weiß, wie Hygge riecht.

Haben Sie schon einmal, zum Beispiel während Sie spazieren waren, einen Duft wahrgenommen, der Sie sofort zurück in Ihre Kindheit versetzt hat? Das ist der Duft von Hygge.

Dieser ganz spezielle Duft ist für jeden anders. Für den einen ist es das Parfüm, das der Vater immer getragen hat, für den anderen ein Gericht, das die Mutter in der Kindheit gekocht hat, oder die Seiten eines Buchs, aus denen die Eltern stets eine Gutenachtgeschichte vorgelesen haben. Der Duft von salziger Meerluft erinnert so manchen an Urlaub. Der Geruch von bestimmten Pflanzen erinnert an den Garten aus Kindertagen. Gemeinsam haben diese Düfte, dass sie ein Gefühl von Geborgenheit vermitteln. Sie erinnern an schöne und unvergessliche Zeiten in unserem Leben.

Das Tolle am Hygge-Duft: Mit dem Hygge-Leben hält er ganz von selbst Einzug.

Gesticktes

Gesticktes sorgt ebenfalls für Geborgenheit. Die Dänen mögen es am liebsten in beigen und cremefarbenen Tönen. Der weiche Stoff verleiht den urigen Innenräumen das gewisse Etwas in Sachen Gemütlichkeit. Um Langeweile zu vermeiden, werden Farben und grafische Muster mit harmonischen Designs platziert. Jedoch sollte der Raum auch nicht zu kuschelig wirken. Luftig und dezent muss er sein, der Hygge-Stil. Darum greifen Skandinavier bei ihren Polsterstoffen am liebsten zu Baumwolle und Leinen. Bei den Vorhängen ist Einfachheit und Transparenz besonders wichtig. Jedoch sollten die Gardinen groß und dick sein. Das sieht nicht nur einladender aus, es dämmt auch den Schall. Ein schlecht gedämmter Raum, in dem jedes Wort und jeder Schritt nachhallt, lädt meist nicht zum Verweilen ein. Darum gilt es, Vorhänge zu wählen, die eng gewebt sind und bis zum Boden reichen.

Warum Nostalgie Hygge ist

Nostalgie gibt uns ein ganz besonderes Gefühl, das schwer zu beschreiben ist. Es ist eine Mischung aus Glück und Geborgenheit, mit einer Spur Neugier. Nostalgie gehört zu jenen Dingen, die zu hundert Prozent Hygge sind.

Das spielt auch bei der Deko- und Möbelwahl eine wichtige Rolle. Die Möbel und Gegenstände, mit denen wir besondere Ereignisse und Momente in unseren Leben verbinden, haben für uns den größten Wert. Nicht ohne Grund kleben Eltern die Malereien der Kinder an den Kühlschrank, anstelle ansprechendere Bilder und Dekoration. Wir schätzen Emotionen mehr ein als den tatsächlichen Wert von Dingen.

Im Großen und Ganzen sorgen viele kleine Dinge für ein hyggeliges Wohngefühl. Dazu gehört die Beleuchtung ebenso wie die Dekoration, die Möbel und selbst der Geruch.

3.3.2. Hyggelige Kleidung

Skandinavische Winter sind kalt und die Sommer ebenfalls ein Fall für sich. Da ist es nicht verwunderlich, dass die Dänen gerade bei ihrer Bekleidung Wert auf Hygge legen. Die Hygge-Bekleidung ist bequem, nostalgisch, schnell an- und wieder abgestreift, und oft selbstgemacht. Wir präsentieren Ihnen hyggelige Kleidung von Kopf bis Fuß – Sommer wie Winter.

3.3.2.1. Hyggelige Kleidung im Sommer

Der richtige Hygge-Dresscode für den Sommer ist einfach und lässig. Die Kleidung darf Haut zeigen, um hyggelig zu sein, doch viel wichtiger ist, dass sie sich auch nach einem langen Tag am Strand oder im Garten gut anfühlt.

Bequem und simpel

Hyggelige Bekleidung muss bequem sein. Das gilt auch für das sommerliche Outfit. Dieses sollte angenehm auf der Haut liegen und weder kratzen noch drücken. Beliebt sind etwa Jogginghosen oder Jogginganzüge. Generell wird all jenes, was komfortabel ist, gerne getragen. Sneaker sind ebenfalls Hygge, vor allem die einfachen Modelle, die bei einer Strandwanderung auch gerne mal schmutzig werden dürfen.

Helle Farben im Sommer

Bei der Farbwahl sind die Dänen normalerweise sehr zurückhaltend. Im Sommer ist das anders. Gerade, wer Hygge praktiziert, trägt dann gerne helle und einladende Farben. Ein Shirt in Hellblau oder eine Bluse in einem natürlichen Grün sind beliebte Alternativen zu den dunklen Tönen des Vinters (Winter).

Wenn der Sommer sich dem Ende neigt, sind Rot- und Pastelltöne beliebt. Die Bekleidung wird nun stufenweise dunkler, wobei im Herbst oft noch die recht bunten Orange- und Blautöne dominieren. Zum Ende der Sommerzeit, wenn es draußen allmählich wieder kälter wird, wechseln auch die Stoffe der Kleidung.

Baumwolle und andere Stoffe

Weil die Dänen schnell schwitzen, trägt man in Dänemark besonders gern Baumwolle. Auch hierzulande machen Sie mit Oberteilen und Shorts aus Baumwolle nichts falsch. Für den besonderen Dänen-Look darf es auch Patchwork sein. Die Kombination verschiedener Farben und Stoffe ist optisch ansprechend und Hygge.

Ein beliebter Stoff für den Sommer ist auch Leinen. Das Material wärmt zwar, hat aber auch hervorragende Kühleigenschaften. Ein T-Shirt aus Leinen oder eine luftige Leinen-Mütze sind trendige Kleidung für die warmen Sommermonate.

Im Sommer wird, ähnlich wie bei uns, viel Haut gezeigt. Die Dänen haben vergleichsweise kurze, chaotische Sommer und recken sich nach jedem Sonnenstrahl, den sie kriegen können. Kurzgeschnittene Shorts und leichte Oberteile sind deshalb in jeder Sommergarderobe zu finden.

3.3.2.2. Hyggelige Kleidung im Winter

Zwischen November und Februar sinken die Temperaturen und draußen wird es nass und unangenehm. Die richtige Bekleidung für den Winter verhindert, dass die Zehen frieren. Bei winterlichen Hygge-Aktivitäten ist es schließlich wichtig, auch im Freien guter Stimmung zu sein.

Wollsocken und Schal

Hyggelige Kleidung beginnt mit der richtigen Kopfbedeckung. Der Kopf, insbesondere Ohren, Nase und Nackenbereich, müssen im Winter besonders gut vor der Kälte geschützt werden. Andernfalls drohen Erkältungen, Grippe und eine laufende Nase.

Gut geschützt ist der Kopf in einer wärmenden Mütze. Eine Beanie-Mütze kann sich ebenso eignen wie eine Wollmütze mit Bommeln. Wichtig ist, dass der Kopf gut gewärmt und die Fahrt zur Arbeit im Schnee schön hyggelig ist.

Außerhalb der eigenen vier Wände trägt man in Dänemark Schal. Auch hierzulande sorgt ein breiter Schal für einen warmen Nacken. Man füllt sich richtig schön eingehüllt und hat das richtige Gegenmittel für eisige Herbstwinde.

Auch Pullover sind hyggelig. Vor allem die warmen, übergroßen, flauschigen.

Oberteile, die bis zu den Knien reichen und in denen man sich verliert, sind perfekt für Sonntagnachmittage auf dem Sofa oder im Hyggekrog.

Schwarz ist das neue Schwarz

Man könnte meinen, die Winter wären schon trist genug, doch die meisten Dänen tragen gern Schwarz. Dunkle Jacken passen wunderbar zu dunklen Hosen, so auch die Ansicht vieler Finnen und Schweden. Am liebsten mögen sie allerdings Grautöne. Die bunten Farben sind der Dekoration vorbehalten. Das bedeutet aber nicht, dass bei den Dänen jedes Kleidungsstück schwarz ist. Manche sind auch grau. In kräftigen Farben strahlen nur die Schals, die je nach Anlass gar nicht bunt genug sein können.

Lagen über Lagen

Dänische Winter können eisig kalt werden. Und wem kalt ist, der kann nicht hyggen. Darum tragen die Dänen ihre Kleidung gerne in Schichten. Das berühmte Zwiebelprinzip setzt sich in den Ländern Skandinaviens im Wesentlichen aus drei Komponenten zusammen: lange Unterwäsche, wärmende Pullover und dicke Fellmäntel.

Für drinnen eignen sich selbstgestrickte Pullover und Wollwesten. Die sorgen nicht nur für Wohlbefinden, sie passen auch perfekt zur Dekoration.

Die Dänen lieben übrigens auch lange Unterwäsche. Gerade in den berüchtigten skandinavischen Wintern. Nichts ist dann hyggeliger als kuschelige Wollstrumpfhosen. Während die Farbe hier nur eine untergeordnete Rolle spielt, ist die Unterwäsche auch ein Teil des Zwiebelprinzips. Die meisten Dänen tragen gerne dicke Wollsocken, um auch auf dem Weg zur Arbeit und bei der Schneeballschlacht mit dem Nachwuchs immer hyggelig warme Füße zu haben.

Designer-Marken spielen für die Dänen bei der Kleidung, anders als bei so mancher Deko-Lampe, keine große Rolle. Viel wichtiger ist die Gemütlichkeit. Wenn die Hose auch nach einem langen Tag noch warm und bequem am Körper liegt, ist sie die richtige. Enge, unbequeme Kleidung (genau wie Stöckelschuhe, im Übrigen), ist so gar nicht hyggelig.

Wiederum hyggelig ist Bekleidung, die selbstgemacht ist. Ein selbst gestrickter Pullover, vor allem wenn es sich um ein Geschenk handelt, ist hyggelig. Wie wir bereits erfahren haben, ist schon der Prozess des Strickens Hygge.

Bei den Schuhen sind es auch die gemütlichen Stiefel, die ein hyggeliges Gefühl vermitteln. Stiefel aus echtem Leder werden von den Dänen besonders gerne mit Wohlbefinden in Verbindung gebracht. Dasselbe gilt im Übrigen auch für klassische Crocs. Die Kult-Schuhe sind in ihrer Einfachheit nur von ihrem praktischen Nutzen übertroffen. Weil es in Dänemark gleich zwei Meere gibt, besucht das hyggelige Völkchen im Sommer oftmals die Strände des Landes. Crocs sind genau das richtige Schuhwerk für Spaziergänge über Kiesstrände.

Im Sommer und Winter bildet die typische Kleidung der Dänen zwei Gegensätze. Helle Farben und leichte Stoffe im Sommer, dunkle Farben und schwere Stoffe im Winter. Dazwischen, im Frühjahr und im Herbst, wird beides miteinander kombiniert.

Die Deko-Accessoires dürfen auch aus der Natur kommen: Steine, Zapfen oder Äste und Moose. Auch Handgemachtes ist erlaubt. Kunststoff ist beim Hygge-Stil dagegen fast verpönt. Besser sind Schüsseln, Becher und Teller aus Keramik und Porzellan. Ein selbst getöpferter Tonkrug ist das perfekte Gefäß für Kaffeehygge.

Damit lässt sich ganz einfach der besondere Skandi-Stil zum Leben erwecken. Wer zusätzlich noch größere Dekorationen aufstellt, macht nichts falsch. Das können Lampen, edle Beistelltische oder ein Zimmerbrunnen sein, der natürliche Klänge in die Wohnung bringt.

Kaltes, grelles Licht gilt es zu vermeiden. Besser sind LEDs mit warmer Lichtwirkung. Fluter und Deckenleuchten werden in Dänemark, Schweden und Co. nur zu pragmatischen Zwecken und immer möglichst kurz verwendet.

Noch ein Tipp zum Kleider-Shopping: Auch das Anprobieren von Schals und Socken im Geschäft ist hyggelig. Kaufen Sie Ihre Klamotten also dann, wenn Sie sich gut füllen und sich selbst belohnen wollen. Dann wird die neu gekaufte Jacke immer einen besonderen Platz in Ihren Gedanken haben.

4. Hygge und die Jahreszeiten

Die ersten Wanderungen im Frühjahr, Sonnenbaden im Sommer, Kastanien sammeln im Herbst, Plätzchen und heiße Schokolade im Winter ... Hygge zieht sich durch alle Jahreszeiten. Im Frühjahr ist es Hygge, bei einem Waldspaziergang ebenjenem Schnee beim Schmelzen zu lauschen. Die Vögel beginnen zu zwitschern und die Natur schüttelt den Frost ab – auch das ist Hygge. Im Sommer bedeutet Hygge, gemeinsam mit Freunden am Lagerfeuer zu sitzen und nachts die Sternbilder zu deuten. Der Herbst indes ist die nostalgische Jahreszeit und lässt das Hygge-Jahr mit Drachen steigen lassen und Kastanien sammeln allmählich ausklingen. Besonders schön ist Hygge im Winter, wenn die Familie sich drinnen vor dem Kamin kuschelt, während draußen der erste Schnee fällt.

So zieht sich Hygge durch alle Jahreszeiten, von Frühjahr bis Winter und von Januar bis Dezember, und ist dabei wie die Natur: immer im Wandel, aber doch irgendwie immer gleich.

4.1. Warum Hygge im Winter besonders schön ist

Ein entspannter Abend vor dem Kamin, bei Kerzenschein, selbstgebackenen Plätzchen und warmer Milch: Im Winter und vor allem zur Weihnachtszeit ist das Hygge-Gefühl besonders präsent. Dann kehrt die Heimeligkeit ganz automatisch ein. Charakteristisch für Dänemark sind die beleuchteten Städte und Dörfer in der besinnlichen Zeit. Denn entstanden ist Hygge in einer Zeit, in der Licht in den dunklen Jahreszeiten Mangelware war.

Die Beliebtheit von Hygge in der Winterzeit hat auch mit dem Ursprung des dänischen Lebensgefühls zu tun. Hygge ist in einer Zeit entstanden, in der Elektrik und Maschinen noch Zukunftsmusik waren. Schon damals herrschte bei den Menschen ein großes Bedürfnis nach Behaglichkeit. Die Arbeit auf dem Feld war in der Winterzeit nicht möglich und die Menschen waren darauf angewiesen, sich anderweitig zu beschäftigen.

4.2. Hyggelige Weihnachten

Hygge und Weihnachten gehören zusammen wie Kaffeepause im Büro und Kuchen. Die Dänen haben dafür sogar ein eigenes Wort kreiert: Julehygge. Das bedeutet übersetzt Weihnachtshygge und zeigt, wie sehr die Dänen in das Fest der Liebe vernarrt sind. Weil Hygge und Weihnachten von Natur aus viel gemeinsam haben, werden in der Adventszeit in Dänemark die typisch hyggeligen Traditionen praktiziert – nur noch intensiver als im Rest des Jahres.

Das Wichtigste an hyggeligen Weihnachten ist die Familie. Auch hierzulande haben Weihnachtsbesuche bei der Verwandtschaft Tradition, doch die Dänen machen einen wahren Sport daraus. Wenn das Fest näher rückt, wird oft alles stehen und liegen gelassen, um pünktlich zum Fest bei den Eltern, Großeltern, Kindern oder Geschwistern aufzuschlagen.

Hyggelige Weihnachten, bei uns wie bei den Dänen, sind immer mit einem herzhaften, traditionellen Mahl verbunden. Bei den einen ist das die Weihnachtsgans, bei den anderen Bockwürste mit Kartoffelsalat. Und wieder andere essen Fisch, Raclette oder Fondue. Das Weihnachtsessen ist meist so deftig und umfangreich, dass am nächsten Tag noch einmal davon gegessen werden kann. Oder man macht es wie die Dänen mit dem Kuchen und packt den Rest für zuhause ein.

Um zurück zu den Dänen zu kommen: Diese essen vorwiegend Huhn oder Schwein. Dazu gibt es süße und deftige Soßen und Pellkartoffeln. Zu den liebsten weihnachtlichen Speisen der Dänen gehört zum Beispiel Brunede kartofler, karamellisierte Kartoffeln, die als Beiöage zu Gans oder Schweinebraten serviert werden, Rotkohl und Salzkartoffeln.

Auch das Risalamande (Mandelmilchreis) ist beliebt. Dabei handelt es sich um eine Art dänischen Milchreis, der, fast wie bei uns, mit Zucker und Zimt sowie heißen Kirschen serviert wird. Risalamande zeichnet sich durch seine typisch dänische Einfachheit aus und kann von jedem für ein hyggeliges Mahl selbst zubereitet werden. Das Besondere daran ist, dass in der Schüssel eine ganze Mandel versteckt ist. Wer sie findet, ist der Gewinner und bekommt eine Extraportion und ein Geschenk. Das besonders Hyggelige an Risalamande ist jedoch nicht die Mandel, sondern die kleinen Anekdoten, die jeder Däne mit dieser Tradition verbindet. Da wird am Tisch heiß darüber diskutiert, wer wohl die Mandel hat, und oft bilden sich witzige Intrigen und Situationen, an die man sich noch lange zurückerinnert.

Dänische Vanillekränze runden das kulinarisc. Weihnachtsfest um ein schmackhaftes Gebäck ab. Die Spezialität mit Vanille und Mandeln ist der perfekte Snack für die Zeit im Hyggekrog.

Auf dem Gebäckteller finden sich aber nicht nur dänische Vanillekränze, sondern auch brune Kager (brauner Kuchen). Das ist Kuchen aus Mandeln, Nelken, Zimt und fein gehackter Sukkade, der, kross gebacken, während der Adventszeit serviert wird.

All diese Leckereien wären nichts ohne Gløgg. Der dänische Glühwein ist zu Weihnachten allgegenwärtig. Als Abschluss der kulinarischen Sektion dieses Kapitels geben wir Ihnen noch ein einfaches Rezept für Gløgg.

Zutaten für vier Personen:

- 150 Gramm Zucker
- Vanillezucker
- eine halbe Flasche Rotwein
- 50 Milliliter dänischer Brøndum oder Korn
- 5 Zimtstangen
- 10 Nelken

- 1 Stück Ingwer
- 1 Teelöffel Kardamompulver
- ein paar Orangenschalen
- Mandeln und Rosinen

Zubereitung:

1. Zunächst das Kardamompulver in eine Schüssel geben. Den Zimt klein zerbrechen. Gewürze in ein Glas mit Schraubverschluss füllen und sicher verschließen. Den Ingwer in kleine Stücke schneiden.

2. Die Orangenschalen waschen und in einen Kochtopf geben. Zwei kleine Stücke Orange dazugeben. Zucker, Rosinen, Ingwer und Gewürze hinzugeben.

3. Den Wein langsam erhitzen. Sobald er aufkocht, den Herd herunterschalten und den Deckel auflegen. Das Ganze für 45 Minuten ziehen lassen. Zwischendurch immer wieder umrühren. Danach Brøndum oder Korn hinzugeben, umrühren und 15 Minuten ziehen lassen.

Je länger der dänische Glühwein zieht, desto aromatischer wird er. Für das beste Aroma können Sie ihn auch mehrere Stunden ziehen lassen.

Hygge-Adventskalender

Ein weiterer Bestandteil von hyggeligen Weihnachten ist der Adventskalender. Die tägliche Freude beim Öffnen eines weiteren Türchens schafft immer wieder neue Glücksmomente. Auch diese Tradition haben wir uns hierzulande zu eigen gemacht. Für den zusätzlichen Hygge-Faktor wird der Adventskalender selbst gebastelt und mit guter Schokolade oder Selbstgemachtem befüllt. Wie wir erwähnt haben, ist schon der Prozess des gemeinsamen Bastelns hyggelig. Die Herstellung eines DIY-Adventskalenders (der auf Dänisch übrigens ebenfalls Adventskalender heißt) vereint dabei alles, was Kinder – und Erwachsene – am Basteln lieben: Ausschneiden, Bemalen, Beschriften und mit natürlicher Deko bekleben.

Adventskerze

Die Dänen haben außerdem eine Tradition, die sich Adventskerze nennt. Die Adventskerze ist mit den Daten vom 1. bis zum 24. Dezember beschriftet. Jeden Tag wird die Kerze eine Weile entzündet, bis das aktuelle Datum erreicht ist. Am 24. Dezember ist die Kerze schließlich ganz klein und die Vorfreude auf das Fest am Größten. Das übrige Stück der Adventskerze wird gerne als Erinnerung aufbewahrt.

Wohlbefinden auf Weihnachtsmärkten

Vor dem Weihnachtsfest besuchen die Dänen gern Weihnachtsmärkte. In Großstädten wie Kopenhagen haben diese Märkte in der Adventszeit einen festen Platz. Dann werden Straßen wie die Strøget, Kopenhagens berühmteste Einkaufsstraße, zu einem weihnachtlichen Wunderland und die bunt geschmückten Stände zu kleinen Hygge-Epizentren. Bei Glühwein oder Julebryg, das dänische Weihnachtsbräu, und røde pølser, einem roten Würstchen im Brot, ist Wohlbefinden garantiert.

Die dänischen Weihnachtsmärkte beleuchten einen weiteren Grundwert von Hygge: die Liebe für Festlichkeiten. Die Dänen liebes es, bei jeder Gelegenheit zusammenzukommen und zu feiern. Sei es zum Julebrygsdag („Weihnachtsbiertag“), zum Sankt-Hans-Aften am Tag der Sommersonnenwende oder an Ostern zu Gækkebreve, dem traditionellen Osterbrief-Basteln, das die Dänen gerne mit einem Glas selbstgemachtem Eierlikör ausklingen lassen. Die Feste und Feiern scheinen in Dänemark nie enden zu wollen und erreichen im Dezember ihren Höhepunkt.

Julefrokost: Mittagessen mit der Familie

Julefrokost ist eine dänische Weihnachtstradition, bei der gemeinsam mit der Familie oder den Arbeitskollegen zu Mittag gegessen wird. Es findet am ersten oder zweiten Weihnachtsfeiertag statt und ist damit mit dem deutschen Brauch des weihnachtlichen Familientreffens an den Feiertagen vergleichbar. Julefrokost wird natürlich vorwiegend mit dänischen Speisen und Getränken begangen. Beliebte Bestandteile sind Fleisch- und Fischgerichte wie Schweinebraten oder Labskaus.

Den Anfang bei Julefrokost machen die Fischgerichte. Heringszubereitungen werden oft in mehreren Gängen (begonnen mit einer Fischsuppe) aufgetragen und mit Aquavit serviert. Danach werden Fleischgerichte gereicht und mit Bier gegessen, allen voran das hochprozentige Julebryg oder Weihnachtsbier. Wer zu jung ist, trinkt, wie auch hierzulande, diverse Softgetränke oder Schorlen.

Wenn Sie sich hyggelige Weihnachten nach Hause holen möchten, brauchen Sie also fast nur den üblichen Weihnachtstraditionen zu folgen. Ein hyggeliges Heim, gutes Essen und Familie und Freunde, mit denen Sie das alles teilen können – das ist Hygge zu Weihnachten.

4.3. Hygge geht auch im Sommer

Hygge im Sommer? Auch das geht. Hygge hat seinen Ursprung in den kühlen skandinavischen Wintern. Das bedeutet aber nicht, dass die Praxis der Gemütlichkeit nicht auch im Sommer geübt werden kann. Ganz im Gegenteil: In den Sommermonaten ist Zeit für gemeinsame Unternehmungen und gemütliche Zeiten beim Picknick oder Grillen. Deshalb empfinden die Dänen auch Konzertbesuche und behagliche Wanderungen als „typisch Hygge". Gemeinsam mit Freunden auf einer Wiese entspannen, während die Band die passenden Klänge anstimmt – auch das ist Hygge.

Da Hygge ein Lebensgefühl ist, bleibt es in allen Lebenslagen und Jahreszeiten präsent. Im Sommer sieht der Hygge-Faktor nur ein wenig anders aus. Doch was macht den Sommer mit Hygge aus? Ein lauer Sommerabend, mit Freunden am Lagerfeuer sitzen oder mit dem Partner die Wolken zählen. Hygge im Sommer bedeutet, genau wie im Winter, das Leben zu genießen. Dabei spielt wieder die Behaglichkeit eine wichtige Rolle. Zum Picknick in den Park nehmen die Dänen besonders gemütliche Kuscheldecken mit. Laute Musik oder anstrengenden Sport gibt es meistens nicht. Gegen eine entspannte Runde Frisbee ist aber nichts einzuwenden.

Auf dem Fahrrad kann im Sommer die Stadt oder die umliegende Natur erkundet werden. Viele Regionen haben ausgedehnte Radwege mit Strecken, die durchs Grüne und vorbei an beliebten Sehenswürdigkeiten führen. Was könnte hyggeliger sein als eine Radtour an den See, um dort mit dem oder der Liebsten einfach mal auszuspannen?

Sommerliches Hygge: Diese Aktivitäten sind hyggelig

In den Sommerferien lebt es sich besonders hyggelig. Ein einsames Blockhaus in der Wildnis ist der perfekte Hygge-Standort für den Sommer. Fernab von der Zivilisation kehrt Ruhe ein, das Feuer prasselt im Ofen und man bespaßt sich bei Unterhaltungen, Brettspielen und dem gemeinsamen Schwelgen in Erinnerungen. Die oftmals alte Inneneinrichtung trägt nur zu dem hyggeligen Lebensgefühl bei.

Auch im eigenen Garten lässt sich der Sommer hyggelig verbringen. Wie wäre es zum Beispiel mit einem entspannenden Sonnenplatz oder einem schattigen Fleckchen, um in aller Ruhe den Lieblingsroman zu lesen? Im Urlaub am Strand werden Muscheln gesammelt, auf Wanderung im Wald Hasen und Füchse beobachtet. Und wer die sonnige Jahreszeit zuhause verbringt, genießt mit den Liebsten und guter Musik ein Glas Rotwein im Garten.

Das Richtige für Klein und Groß: Marshmallows über dem Lagerfeuer und Kartoffeln und Zwiebeln darin braten. Während die Speisen brutzeln und die Zweige knacken, werden Anekdoten aus Kindheitstagen zum Besten gegeben. Oder eine Gruselgeschichte, nach der sich alle noch dichter aneinanderkuscheln. Zum Ausklang des Abends wird – denn Sicherheit ist auch bei Hygge wichtig – das Lagerfeuer gelöscht. Jeder, der schon einmal ein Lagerfeuer gelöscht hat, kennt den besonderen Geruch und verbindet ihn mit bestimmten Erinnerungen. Danach verkriechen sich alle in ihre Zelte oder Betten, wobei dann noch lange nicht geschlafen wird. Die Dänen liebe zwar ihren Schlaf, doch sie reden auch unheimlich gerne. Wo geht das besser als in der Stille der Nacht, gesättigt, auf einer gemütlichen Daunenfedermatratze mit guten Freunden um einen herum?

Hygge ist also ein wesentlicher Teil des Sommers. Fehlt das hyggelige Gefühl, bleiben Hitze, Sonnenbrand und Mückenstiche. Denn wer sich nicht auf die positiven Dinge konzentriert, der kann nicht hyggelig leben. Der Fokus auf das Glück ist auch im Sommer essenziell. Schließlich macht Hygge keinen Urlaub, sondern ist eine Einstellung, die man entweder hat oder nicht hat.

Plus: Sommerliches Obst und Gemüse lassen sich zu fruchtigem Gebäck, Drinks und anderen hyggeligen Leckereien verarbeiten. Dafür wird nur ein Smoothie-Maker benötigt, wobei das Obst und Gemüse auch eingemacht oder zu fruchtigem Most verarbeitet werden kann.

Zum Schluss noch drei weitere sommerliche Hygge-Aktivitäten:

1. Barbeque mit Freunden

Ein Barbeque mit Freunden ist die perfekte Gelegenheit, um Zeit mit den Liebsten zu verbringen, und nebenbei ein saftiges Stückchen Fleisch auf den Grill zu werfen. Das Schöne am Barbeque ist, dass es lange dauert. Während die Rippchen brutzeln, ist nichts weiter zu tun als den Moment zu genießen und vielleicht ab und zu etwas Bier auf das Fleisch zu gießen.

2. Picknick am Strand

Für die Extraportion Hygge schauen Sie vorher auf dem örtlichen Wochenmarkt vorbei. Neben einem Plausch mit den lokalen Händlern können Sie sich mit Brot, Käse und fruchtigen Leckereien eindecken. Kulinarisch ausgestattet, kann das Picknick am Strand kommen.

3. Selbstgemachten Apfelsaft trinken

Die Dänen wissen: Selbstgemachtes schmeckt besser. Das gilt auch für Apfelsaft, der sich ohne viel Aufwand sogar zuhause selbst herstellen lässt. Die dafür benötigten Äpfel können in den Sommermonaten im Garten gesammelt werden. Falls kein eigener Garten vorhanden ist, sind die Nachbarn oft froh, wenn jemand sich um das Fallobst kümmert.

Hygge im Herbst

Wenn die Blätter von den Bäumen fallen und die Kinder Kastanien sammeln, ist es Herbst. Viele Dänen empfinden die Zeit zwischen Sommer und Winter als besonders hyggelig. Die Natur gibt die beliebten Deko-Materialien freiwillig her und die murmelige dicke Kleidung kann endlich wieder aus dem Schrank geholt werden. Zu Hygge im Herbst gehört aber noch mehr als der Elchfellmantel und getrocknete Eichenblätter.

Hygge im Herbst – das bedeutet auch Drachen steigen lassen. Die Kinder lassen ihren bunten Lenkdrachen bei steigenden Temperaturen fliegen und die Erwachsenen beobachten die Wandervögel auf ihrem Flug in den Süden.

Auch wenn die herbstlichen Farben im Grunde Ausdruck der vergehenden Natur sind: Herbstliche Töne sind auf keinen Fall morbide. Sie gehören zu den wärmsten und leuchtendsten Farben, und ein Blick auf die Blätter im Herbst zeugt von ihrer Vielfalt. Probieren Sie es mit Rot und Orange, gelb und braun, und vielen Grüntönen.

Das Gesammelte wird anschließend zuhause platziert. Wo? Überall. Auf Kommoden und Fensterbänken, auf dem Ecktisch und in der Diele, auf und neben den Büchern im Bücherregal (und im Falle von getrockneten Blättern auch dazwischen).

Wärme innen wie außen – das gilt vor allem im Herbst. Wenn es draußen kälter wird, werden die Kaffeemaschinen angeworfen, um bei Kaffehygge die Welt vom Fenster aus vorbeiziehen zu lassen.

Hygge im Frühjahr

Die Natur erwacht, die Vögel bringen einen morgens wieder um den Schlaf – es ist Frühjahr. Die Dänen lieben den Frühling, alleine schon, weil er das Ende des düsteren Winters bedeutet. Doch auch, weil es im Frühjahr fast überall hyggelig zugeht.

Auch gemeinsames Arbeiten im Garten ist Hygge. Die Auffrischung der Wohn-Deko ist Hygge. Beim Frühjahrsputz wird indes die Grundlage für das ganze Hygge-Jahr gelegt. Damit die Wohnung zur Wohlfühlzone wird, bleibt für einige Wochen im März kein Kissen auf dem anderen, keine Lampe an ihrem Platz und keine Kerzenformation in Stellung.

Hygge im Frühjahr bedeutet auch, das neue Jahr willkommen zu heißen. Deshalb umfasst der Frühjahrsputz bei den Dänen nicht nur das Saubermachen, sondern auch das Ausmisten und neu Dekorieren. Die natürlichen Dekorationen des vergangenen Jahres werden entsorgt und neuer Platz geschaffen für eine frische Deko. Die Skandinavier legen besonders viel Wert auf dieses jährliche Erneuern. Schließlich sind sie die Erfinder des Minimalismus und leben diesen Trend in allen Bereichen des Lebens.

5. Hygge in der Praxis und im Alltag

Hygge bringt eine ganze Menge Vorteile für das seelische und das körperliche Wohlergehen mit sich. Wie Hygge in der Praxis aussieht und sich spielend leicht in den Alltag integrieren lässt, erklären wir in diesem Kapitel.

5.1. Arbeiten mit Hygge

Jeder kennt den Ausspruch: „Wir sind hier zum Arbeiten, nicht zum Vergnügen." Nicht die Dänen. Zumindest nicht diejenigen, die Hygge am Arbeitsplatz praktizieren. Das soll nicht heißen, dass die Dänen untätig am Arbeitsplatz herumsitzen und ihrer Gemütlichkeit frönen. Aber ein wenig Hygge kann die Arbeitszeit zumindest deutlich entspannter (und oft auch produktiver) machen. Wer bei der Arbeit entspannt ist, kann mehr Leistung erbringen. Stressige Aufgaben gehen leichter von der Hand und das Gefühl der Überforderung wird vermieden. Langfristig lässt sich dadurch auch das Risiko für einen Burnout reduzieren – eine der Volkskrankheiten Nummer eins. Denn regelmäßige Hygge-Momente bringen Abwechslung in den Arbeitstag. Sie entlasten und erlauben es, die Arbeit als freudiges Erlebnis wahrzunehmen.

Mehr Hygge auf der Arbeit: Mit Wollsocken und Blumen

Hygge am Arbeitsplatz beginnt, wie immer, bei den kleinen Dingen. Das Tragen von Wollsocken im Büro gehört ebenso zu einem hyggeligen Arbeitstag wie Kuchen in der Kaffeepause. Meetings werden auf der Sofaecke im Lounge-Bereich abgehalten, und nicht im sterilen Konferenzraum.

Wenn der Platz (oder der Chef) es zulässt, empfiehlt sich auch ein kleiner Bürogarten. Die Kultivierung der Pflanzen baut Stress ab und kann außerdem zur Gemeinschaftsbildung beitragen.

Tiere, insbesondere Hunde, sind leider nicht an jedem Arbeitsplatz willkommen. Dort wo sie erlaubt sind, können sie die Produktivität und die Positivität steigern. Fragen Sie Ihren Chef, ob Sie Ihren Hund mit ins Büro nehmen dürfen.

Kuchen und Kaffee

Wie am Anfang erwähnt, ist Kuchen eine einfache Möglichkeit für Hygge am Arbeitsplatz. Nicht nur eine leckere Torte gibt Kraft für den restlichen Tag, sie ist auch eine kleine, aber feine Motivation. Wer die wichtige Aufgabe am Vormittag erledigt hat, genehmigt sich ein großes Stück Kuchen...

Kuchen wegwerfen ist für die Dänen eine Todsünde. Was übrig ist, wird eingepackt und mit nach Hause genommen und spätestens dort verputzt. Ein langer Arbeitstag? Kuchen. Ein wichtiges Meeting steht an? Mehr Kuchen. Die Menge an Kuchen lässt nicht immer auf die Wichtigkeit eines Events schließen, doch in jedem Fall gibt es immer mehr als genug davon.

Wie wir bereits gelernt haben: kein Kuchen ohne Kaffee. Der wird am besten aus einer eigenen Tasse Kaffee genossen. Die Lieblingstasse bringt ein Stück Zuhause ins Büro. Außerdem schmeckt der Kaffee daraus gleich viel besser. Nicht nur der Kaffee gibt Energie, der regelmäßige Gang zum Kaffeeautomaten gibt dem Gehirn die nötige Pause, gerade bei der Arbeit am PC und vor allem bei eintönigen Tätigkeiten. In der Küche oder im Pausenraum warten die Arbeitskollegen für einen kleinen Plausch am Arbeitsplatz. Auch das fördert die Zufriedenheit, denn wer sich auf der Arbeit mit seinen Mitmenschen austauscht, ist im Bilde und fühlt sich vor allem eingebunden – ein Gefühl von Gemeinschaftlichkeit entsteht.

Musik für die Arbeit

Eine Playlist mit guter Musik ist genau der richtige Soundtrack für einfache, aber zeitaufwendige Arbeiten. Ruhige Akustikklänge und Ambient-Musik bringen den Geist in die richtige Stimmung und lassen lange Arbeitstage schneller vergehen. Zu den beliebtesten Musikgenres für Hygge am Arbeitsplatz (und überall dort, wo Produktivität und Entspannung zusammentreffen) gehören:

- ***Smooth Jazz:*** Der Smooth Jazz wurde in den 60er Jahren in der Ära von Jazz, Blues und Funk erfunden. Mit seinen Down-Tempo-Nummern ist er die perfekte Hintergrund-Musik für eintönige Büroarbeit.

- ***Soca:*** Das Genre hat seinen Ursprung in der Karibik in den 1970er Jahren und ist eine Verbindung von Calypso, Ska und Soul. Die Musik ist schnell, aber beruhigend und lädt zum Mitnicken ein.

Aber auch Stille kann Hygge sein. Mit der Ruhe kehrt auch die Konzentration ein. So manchem fällt es ohne Hintergrundbeschallung leichter, in den Flow State zu kommen. In diesem Zustand vergisst man alles um sich herum und ist eins mit der Tätigkeit, die man gerade ausführt.

Ob Musik oder Stille – bei Hygge geht es darum, sich sicher und geborgen zu fühlen. Darum ist es wichtig, einen „Soundtrack" für die Arbeit zu wählen, der diese Gefühle vermittelt. Lautstarker Metal oder anspruchsvolle Musik sind meist nicht ganz so Hygge.

Eine weitere Möglichkeit, Hygge ins Büro zu bringen, sind Blumen in allen Variationen. Ein Blumenstrauß in einer Vase ist nicht nur ein guter Blickfang, sondern auch ein toller Start in den Tag. Der Schreibtisch kann mit getrockneten Blüten verziert werden. Um zusätzlich etwas Natur in die eigenen vier Wände zu bringen, wird der Arbeitsplatz mit Tannenzapfen oder Kastanien verziert. Die Dekoration kann je nach Jahreszeit und Anlass angepasst werden. Zu Halloween ist es dann ein Kürbis, zu Weihnachten eine kleine beleuchtete Krippe und zu Neujahr all die Glückwunschkarten von Freunden und Familie.

In der Pause die Arbeit Arbeit sein lassen

Arbeit wird bei den Dänen gerne mit Vergnügen verbunden. Doch Vergnügen niemals mit Arbeit. In der Mittagspause wird das Smartphone beiseitegelegt. Die E-Mails können warten, während Sie die wohlverdiente Erholung bekommen. Bei schönem Wetter ist der Platz im Freien besonders hyggelig. Oder das nahe Café, welches bestimmt ein paar typisch dänische Nachspeisen serviert.

Weil das Miteinander ein wichtiger Aspekt von Hygge ist, empfiehlt es sich, die Mittagspause gemeinsam mit den Kollegen zu verbringen. Dabei kann das eine oder andere Kompliment ausgesprochen werden, denn auch das ist ein wichtiger Aspekt von Hygge am Arbeitsplatz. Empathie schweißt zusammen und erleichtert die Zusammenarbeit. Gerade wenn die Arbeit viel Teamwork erfordert, ist ein gutes Verhältnis zu den Kollegen Gold wert. In Dänemark wird Teamwork schon im Kindergarten geschult und gehört zu den Grundwerten erfolgreicher dänischer Unternehmen. Teamspiele wie eine Schnitzeljagd durchs Büro stärken das Gemeinschaftsgefühl.

Hygge-Tipps für den Schreibtisch

Auch wenn der Chef sich strikt weigert, das ganze Büro zum Hygge-Paradies zu machen: Der Schreibtisch darf in den meisten Büros frei gestaltet werden. Hier bieten sich Blumen und Bücher oder eine schöne Lichterkette an. Persönliche Dinge wie Familienfotos oder Urlaubs-Souvenirs geben dem Arbeitsplatz einen individuellen Touch.

Zu guter Letzt noch ein Bonustipp: Überrasche Deine Kollegen mit Backwerk. Damit sorgen Sie direkt am Morgen für eine gute Stimmung und einen tollen Start in den Tag. Außerdem haben die Kollegen (und Sie natürlich auch) etwas, worauf sie sich in der Kaffeepause freuen können. Ein Donut oder ein süßes Stück Sachertorte sorgt für die nötige Motivation, wenn die auszufüllenden Tabellen mal wieder nicht enden wollen.

Ganz wichtig auch der Hyggekrog: ein gemütlicher Bereich, an den Sie sich zurückziehen können. Der Hyggekrog sieht für jedermann etwas anders aus. In seinem Mittelpunkt steht meist ein weicher Sessel oder ein bequemer Stuhl. Dort kann man entspannen, lesen, stricken, die Welt beobachten und sich hyggelige Gedanken machen. Der Hyggekrog ist sozusagen das Zentrum Ihres kleinen Hygge-Kosmos, und all die Hyggeligkeiten, mit denen Sie Ihr

Wohnzimmer geschmückt haben, sind die Planeten, die ihn umkreisen.

Die Hygge-Kleidung ist ganz traditionell lässig und gemütlich. Alles, was sich gut anfühlt, ist erlaubt. Die Dänen tragen gern weiche Stoffe wie Leinen oder Wolle und weit geschnittene Kleidung, die weder drückt noch zupft.

Natürliche Raumdekoration

Ein wesentlicher Teil der Hygge-Einrichtung sind natürliche Materialien. Dazu gehören Kissen und Decke, Stoffe und hölzerne Möbel, die vom örtlichen Schreiner gefertigt wurden. Was in urigen skandinavischen Dörfern leichter umzusetzen ist, wird hierzulande schon schwieriger. Entscheidend ist aber ohnehin das Gefühl, welches wir mit der Inneneinrichtung verbinden. Und deshalb gilt auch hier: Erlaubt ist, was gefällt.

Es gibt natürlich ein paar Grundprinzipien, welche befolgt werden können, um die gewünschte Stimmung zu erzeugen. Neben den bereits genannten Maßnahmen ist das zum Beispiel die Einrichtung der Wohnung mit persönlichen Bildern. Familienfotos, Ansichtskarten oder Gemälde, zu denen eine persönliche Bindung besteht, geben den Räumlichkeiten Seele. Mehr noch, bieten sie Gesprächsstoff und laden zum Verweilen ein. Außerdem ist diese Hygge-Deko fast kostenlos und kann ohne viel Aufwand erneuert und ergänzt werden. Ein Beispiel dafür, wie Fotos Hygge vermitteln können, ist eine Fotowand. Eine eigene Wand nur für die Bilder aus dem letzten Urlaub, bestenfalls mit hyggeliger Beleuchtung untermalt – das macht glücklich!

Eine Frage des Gefühls

Bei Hygge dreht sich alles ums Gefühl. Dabei geht es nicht nur darum, wie wir uns innerlich fühlen, sondern auch darum, wie Dinge sich anfühlen. Ein Renntierfell hat ein ganz eigenes Gefühl. Ebenso der Holztisch aus Ahorn oder der Strickpullover aus Leinen.

Dänen sind keineswegs oberflächlich, doch legen sie großen Wert darauf, wie sich die Oberfläche von Dingen anfühlt. Überlegen Sie, welche Gegenstände sich für Sie besonders schön anfühlen und – vorausgesetzt, es handelt sich nicht um das Fell eines lebenden Elchs – füllen Ihre Wohnung damit. Sie werden bemerken, dass die eigenen vier Wände viel heimischer werden, wenn sie mit Dingen ausstattet sind, die nicht nur schön aussehen, sondern sich auch schön anfühlen.

Fünf weitere Gegenstände, die sich toll anfühlen:

- Tannenzapfen
- Tonkrüge
- alte Bücher
- Messingfiguren
- Glaskunst

Vor allem mit Selbstgemachtem oder Dingen aus der Natur bekommen Sie die besondere „Hygge-Haptik“. Basteln Sie aus Tannenzapfen, Eicheln, getrockneten Blättern, Steinen, Sand, Muscheln oder Hölzern Ihre eigene Dekoration zum Anfassen.

Hygge und das persönliche Glück

Hygge kann man nicht mit Geld kaufen. Hygge ist ein Gefühl, das nichts kostet, aber zugleich ein Investment erfordert.

Je naturnaher und simpler eine Aktivität, desto hyggeliger ist sie. Je liebevoller ein Gericht, desto hyggeliger. Selbstgemachtes ist hyggeliger als Gekauftes und ein Spieleabend mit Freunden ist hyggeliger als ein Filmabend alleine.

Hummer und Champagner in einem Fünf-Sterne-Restaurant ist vieles, aber nicht hyggelig. Selbstgebackenes Brot mit Großmutters-Marmelade? Schon eher.

Bei Hygge geht es darum, die kleinen Dinge des Lebens wertzuschätzen, die kein Geld kosten. Wir haben fünf Aktivitäten zusammengetragen, die (fast) umsonst sind:

1. Ein Buch lesen

Ein gutes Buch und ein Tasse Kaffee: Mehr braucht man nicht zum glücklich sein. Wer keine passende Lektüre zur Hand hat, schnappt sich einen Freund und besucht den nächsten Flohmarkt. Dort gibt es nicht nur kistenweise Bücher, sondern auch Kaffeetassen und mehr hyggelige Deko, als ein typisch dänischer Haushalt aushalten kann. Mit dem Bücherfund geht es dann zuhause direkt in den Hyggekrog. Vielleicht findet sich im Buch eine persönliche Anekdote des Vorbesitzers oder ein anderer Schatz, der für eine hyggelige Geschichte am Lagerfeuer herhalten kann.

2. Ehrenamtliche Arbeit

Menschen in Not zu helfen, tut gut und steigert den Selbstwert. Außerdem ist es so einfach. Viele Suppenküchen und Obdachlosenunterkünfte suchen freiwillige Unterstützung. Oder man setzt sich zu einem Obdachlosen auf die Parkbank und leistet ihm ein wenig Gesellschaft.

3. Gemeinsames Fernsehen

Sei es der allwöchentliche Sonntagskrimi oder die altbekannten Weihnachtsfilme vor dem großen Fest: Gemeinsames Fernsehen gehört zu den hyggeligsten Aktivitäten überhaupt. Man sollte es aber nicht übertreiben. Der Fernsehabend sollte ein Highlight sein, auf das man sich freut und an das man sich lange erinnert. Mit täglichem Binge-Watching klappt das einfach nicht.

4. Ein Lagerfeuer machen

Kein Wunder, dass Lagerfeuer so eng mit Hygge verknüpft sind. Sie spenden Wärme und Licht und bringen Menschen für Speis, Trank und Schwänke zusammen. Das Beste ist aber, dass für ein prasselndes Lagerfeuer kein Geld benötigt wird. Das Einzige, was benötigt wird, ist ein wenig Holz, Streichhölzer und eine nette Gemeinschaft.

5. Schlittenfahren

Schlittenfahren ist, nach dem Ski-Fahren, die wohl beliebteste Outdoor-Aktivität im Winter. Und wie jeder weiß, ist die Abfahrt auf einem (gut geölten) Holzschlitten am spaßigsten.

5.2. Hygge im Alltag

In den skandinavischen Ländern ist Hygge längst ein fester Bestandteil des Alltags. Hierzulande hat sich die Glücksphilosophie noch nicht vollständig durchgesetzt. Das könnte auch damit zusammenhängen, dass das Wesen der Dänen und Finnen in vielen Fällen besonders gelassen ist. Das bedeutet jedoch nicht, dass Hygge nicht auch in Ihrem Alltag Einzug halten kann. Der Anfang kann genau dort gemacht werden, wo Sie sich gerade befinden. Wenn Sie mit diesem Buch im Bett liegen, können Sie mit zusätzlichen Decken beginnen. Der skandinavische Hang zu Minimalismus ist ein guter Anfang. Das Bett sollte aufgeräumt, aber gemütlich sein.

5.3. Mediation mit Hygge

Meditation hat einige Gemeinsamkeiten mit Hygge. Sie bedeutet, in sich selbst zu ruhen und die eigenen Gedanken fließen zu lassen. Entspannung, Gelassenheit und Seelenfrieden. Wer nach dem Hygge-Prinzip lebt, für den ist die Meditation nur der nächste logische Schritt. Schließlich ist die entsprechende Grundhaltung bereits da. Man muss sie nur noch auf den Lotussitz übertragen.

Meditierende, die Hygge leben, profitieren bei der Meditation von dem Umfeld der Geborgenheit, das sie um sich geschaffen haben. Sie können sich einfach fallen lassen und Hygge leben. Dadurch erzielen Sie schnell Fortschritte und können Hygge noch bewusster erleben.

5.3.1. So geht Meditation mit Hygge

Meditation und Hygge harmonieren wunderbar miteinander. Wenn die Wohnung hyggelig eingerichtet und das Mindset auf Glück eingestimmt ist, kann direkt mit der Meditation begonnen werden.

Der Lotussitz ist keine Pflicht. Die Meditation kann im Sitzen, Liegen oder Stehen erfolgen. Positionieren

Sie sich so, wie es für Sie angenehm ist. Wir empfehlen, beliebte Haltungen wie den Fersensitz oder den Schneidersitz auszuprobieren.

Wichtig ist die Körperhaltung bzw. die Position von Brustkorb und Kinn. Der Brustkorb sollte leicht nach vorn gestreckt und das Kinn leicht in die Höhe gereckt sein. Dann können Sie frei atmen und die Energien fliesen lassen.

Der Ort, an dem Sie meditieren, soll ruhig und entspannend sein. Wichtig ist, dass Sie ungestört sind. Vergessen Sie nicht, die Türklingel auszustellen und das Smartphone beiseitezulegen. Ganz Hygge, wird der Meditationsort mit Kerzen, Blumen und weichen Decken dekoriert – alles, womit Sie sich wohlfühlen, ist angebracht.

Die Bekleidung, die Sie bei der Meditation tragen, sollte gemütlich und warm sein. Tragen Sie bequeme Klamotten, die nicht kratzen oder einengen. Ein dicker Schal und warme Socken verhindern, dass Sie bei der Meditation auskühlen. Wenn Sie unsere Tipps zur richtigen Bekleidung bei Hygge befolgt haben, sollten die passende Klamotten bereits in greifbarer Nähe sein.

Zum Abschluss noch ein Hygge-Meditationstipp: Meditieren Sie über Themen, die mit Hygge in Verbindung stehen, wie Liebe, Glück, Wohlbefinden und Sicherheit. Diese Themen bringen Sie in die richtige Stimmung. Meditationsbücher geben Inspiration, wie sich die Praxis des In-Sich-Gehens auf Hygge ummünzen lässt.

Wenn Sie es nicht schon getan haben, können Sie beim Meditieren die passende Musik auflegen. Im Kapitel „Hygge bei der Arbeit" geben wir Tipps für die richtige Musik für die Hygge-Meditation.

Das Ziel der Meditation ist Gelassenheit. Am Anfang können die Gedanken noch wie wild durcheinander geraten. Das ist vollkommen normal. Der Kopf muss schließlich jeden Tag eine Menge Gedanken verarbeiten. Lassen Sie das Gedankenkarussell einfach an Ihnen vorbeiziehen.

Wer Hygge praktiziert, bringt bereits die richtige Grundhaltung für Meditation mit – nämlich Ruhe und Gelassenheit.

5.4. Sport- und Outdoor mit Hygge

5.4.1. Outdoor-Hygge: im Einklang mit der Natur

Das Gefühl von Hygge beschränkt sich nicht auf die eigenen vier Wände im Kerzenschein. Ganz im Gegenteil: Die Natur birgt unbegrenztes Potenzial, Hygge unter freiem Himmel zu zelebrieren. In diesem Kapitel erklären wir, welche Outdoor-Aktivitäten Hygge hervorrufen und warum.

Aktivitäten im Freien, insbesondere Outdoor-Sport, sind eine willkommene Möglichkeit, Hygge in Einklang mit der Natur zu bringen.

Auch Schwimmen kann eine hyggelige Aktivität sein. Das gemeinsame Baden im See hat gerade in den ländlichen Gegenden Skandinaviens eine lange Tradition, natürlich mit anschließendem Picknick und hyggeligem Vesper.

Wandern kann ebenfalls das Gefühl von Hygge hervorrufen. Ein Ausflug in die Berge, inmitten einer netten Gesellschaft, um am Ende des Tages ein hausgemachtes Vesper zu genießen ... Hygge pur! Auch eine Runde Frisbee im Park oder eine Partie

Fußball können Hygge sein.

Die Hyggeligkeit einer Outdoor-Aktivität korreliert eng mit Jahreszeit und Wetterlage. Beach-Volleyball im Regen? Nicht hyggelig. Eisangeln in einer sternklaren Dezembernacht? Wo darf ich mich anstellen?

Die Kleinsten empfinden einen Besuch auf dem Spielplatz als das Höchste der Gefühle. Für die Eltern ist das nicht immer hyggelig. Ein guter Roman und heißer Tee aus der Thermoskanne kann das ändern. Mit der richtigen inneren Einstellung kann (fast) jede Outdoor-Aktivität Hygge sein.

Hygge ist eine Frage der Einstellung. Sie können auch hyggelig leben, wenn es draußen in Strömen regnet. Bei schlechtem Wetter sind Outdoor-Aktivitäten wie Angeln oder Fotografie interessant.

Wichtig: Zu schnell darf es nicht gehen, denn Entspannung ist ein wesentlicher Teil von Hygge. Viele Skandinavier beobachten beim Wandern gern die Natur und bauen natürlich regelmäßige Brotzeit-Pausen ein. Bei selbstgebackenem Brot und einer Kanne grünem Rooibos – einem der beliebtesten Tees der Dänen – lässt es sich hyggelig leben.

Garten-Hygge

Wir Deutschen haben Balkonien, die Dänen haben Garten-Hygge. Wie der Name vermuten lässt, geht es dabei darum, das Gefühl von Hygge in den heimischen Garten zu transportieren.

Beim Hygge bringen die Dänen die Natur nach drinnen und beim Garten-Hygge bringen sie Hygge wieder nach draußen.

Auf das Lagerfeuer als ultimatives Outdoor-Hygge sind wir bereits eingegangen. Darum hier nur so viel: Das Lagerfeuer im Garten bringt Sie näher mit Familie und Freunden zusammen und ist oft der Mittelpunkt eines hyggeligen Tags im eigenen Garten. Noch bevor man die erste Röstkartoffel zwischen die Kohlen legt, wird das Feuer über Stunden gehegt und gepflegt. Das perfekte Aufschichten von Holz, Spalten, Zweigen und Papier ist Hygge. Oft entbrennen hitzige Diskussionen über das optimale Verhältnis zwischen Spalten und Zweigen. Brennt das Feuer dann, gibt man Lagerfeuergeschichten zum Besten. Die Besten hat zwar jeder schon zweimal gehört, aber das macht es nur umso hyggeliger. Das Vertraute ist ein wesentlicher Teil von Hygge und so gibt es auch bei der Essenswahl nur wenige Überraschungen: Steak, brutzlige Bratwürste, Grillschnecken und Gemüsesticks, und natürlich Flæskesteg (langsam gegarter Schweinebraten).

Wintersport

Betrachtet man nur die Berglandschaften, schneidet Dänemark unter den skandinavischen Ländern wohl am schlechtesten ab. Der höchste Berg in Dänemark, der Ejer Bavnehøj Møllehøj, liegt gerade einmal 170 Meter über Grundwasserlevel. Trotz dieser bescheidenen Ausgangslage lieben die Dänen den Wintersport. In den langen, kalten Wintern macht das skandinavische Völkchen wenig lieber, als stundenlang Iglus zu bauen, Skilanglauf zu betreiben oder sich bei Schneeballschlachten zu duellieren. Zugegeben: Das hyggelige Beisammensein vor dem Kamin nach einem Tag im Schnee ist insgeheim ein wichtiger Grund dafür. Doch während sie draußen sind, haben die Dänen nur im Sinn, möglichst viel Spaß zu haben.

Vereinzelt ist in Dänemark natürlich auch Schlittenfahren möglich. Die Großeltern kennen die versteckten Hügel, die gerade hoch genug sind. Die meisten winterlichen Hygge-Aktivitäten spielen sich aber auf flachem Boden ab. Da werden Schneeengel gemacht oder den Spuren von Rehen und Hirschen gefolgt. Wenn es dann dunkelt wird, werden Angel und Petroleumlampe eingepackt, um sich beim Eisangeln nach Forellen und dänischen Barschen auf die Lauer zu legen. Die Dänen sind zwar nicht die allergrößten Fischesser – Huhn oder Schwein entsprechen mehr ihrem Geschmack –, doch gegen eine köchelnde Fischsuppe oder gut abgehangenen Räucherfisch hatte noch kein Däne etwas einzuwenden.

Die vereisten Seen, von denen es in Dänemark mehr als 1.200 Stück gibt, eignen sich natürlich auch wunderbar zum Schlittschuhlaufen. Die vielen berühmten dänischen Eiskunstläufer zeigen, wie wichtig den Dänen ihre Kufe sind. Auf dem Eis werden Kunststücke geübt, Eishockey-Spiele absolviert und Wettläufe durchgeführt. Dabei steht immer der gemeinschaftliche Aspekt im Vordergrund, was die Aktivitäten auf dem Eis wieder besonders hyggelig macht.

Eisangeln, Eiskunstlaufen oder Iglu-Burgen im Schnee bauen können Sie im Winter auch hierzulande. Um auch das Hygge-Gefühl einzufangen, folgt auf all diese schweißtreibenden Aktivitäten die Aufwärmung im Warmen.

Radfahren

In kaum einem Land fährt man so viel Rad wie in Dänemark. Laut einer Statistik fahren die Dänen bis zu Kilometer Rad pro – das ist mehr als die Deutschen.

Der Grund, warum die Dänen gerne Fahrrad fahren, ist klar: Es ist Hygge. Bequem auf Radwegen durch die Sonne radeln und jederzeit absteigen, um am Wegesrand ein spontanes Picknick zu veranstalten – gemütlicher geht es fast nicht. Daneben hat das Radfahren noch viele weitere Vorteile. Es hält fit, ist günstig, ausgesprochen flexibel und macht Spaß.

Plus: In vielen Städten kann man Fahrräder leihen. Sie können mit dem Auto in den Urlaub fahren und dort auf dem Holländerrad oder Trike die Umgebung erkunden.

Kajak fahren

Vom bis bietet Dänemark viele malerische Flüsse. Deutschland hat Donau, Mosel oder Jagst. Der Sommer ist die ideale Zeit, um auf diesen Flüssen Kajak zu fahren. Das Kajak fahren gehört seit vielen Jahrzehnten zu den beliebtesten Freizeitaktivitäten der Dänen, da es direkt in der Natur stattfindet und eine Menge Spaß macht. Außerdem lässt sich beim Kajak fahren wunderbar entspannen. Genau wie das Radfahren, lädt eine Tour im Kajak dazu ein, sich einfach mal treiben zu lassen.

Das Tolle am Kajak fahren ist auch, dass das Kajak überall mitgenommen werden kann. Es passt auf jedes Auto, doch meistens kann mit der Fahrt einfach auf einem nahegelegenen Fluss begonnen werden. Entlang der beliebten Kajak-Routen gibt es Sehenswürdigkeiten, Gasthäuser und Hygge en mas.

Wandern

Wie hyggelig Wandern ist, haben wir bereits einige Male erwähnt. In der freien Natur unterwegs zu sein und dorthin zu gehen, wo einen die eigenen Füße tragen, hat etwas Befreiendes. Es fühlt sich einfach toll an, mit nichts als einem Rucksack und einem ungefähren Plan loszugehen und herauszufinden, was die Welt zu bieten hat. Beim Wandern geht es nicht darum, schnell an ein Ziel zu kommen, sondern darum, jeden Meter und Kilometer der Wegstrecke zu genießen. Auf dem Weg warten Natur und Sehenswürdigkeiten, malerische Wanderwege und andere Wanderer, die interessante Geschichten im Gepäck haben. In den Sommermonaten ist Wandern besonders schön, da die Flora nun in ihrer vollen Blüte steht. Wer sich in der Zeit zwischen Ostern und Oktober sein Wandergepäck schnappt und auf gut Glück loszieht, lebt Hygge pur.

Fotografieren

Das Hobby der Fotografie ist darauf ausgelegt, ins Freie zu gehen und ein paar schöne Fotos zu schießen. Mit einer Kamera im Gepäck geht es zu den schönsten Spots, um das perfekte Bild zu machen. Fotografie ist auch etwas für den Alltag. Nicht nur Selfies und Bilder vom Essen sind beliebt. Es empfiehlt sich, die schönen Momente des Lebens mit einer Kamera festzuhalten, um immer etwas davon zu haben.

Fotografie ist nicht nur etwas für Draußen. Mit ein wenig Kreativität lassen sich auch drinnen ansprechende Fotos machen, die hoffentlich als Ergänzung im Fotoalbum landen.

Eine Polaroid-Kamera sorgt für den besonderen Hygge-Faktor. Sie macht jedes Bild zu einem Highlight, welches später die Fotowand schmückt. Polaroid-Fotos haben auch den Vorteil, dass sie sofort entwickelt sind. Nach wenigen Sekunden halten Sie das Ergebnis in den Händen und können es direkt zur Fotowand hinzufügen oder in das Fotoalbum einkleben.

Warum Outdoor-Sport Hygge ist

Ein wenig sind wir in den einzelnen Unterkapiteln schon darauf eingegangen. Doch hier wollen wir der Frage noch einmal genauer auf den Grund gehen: Warum ist Outdoor-Sport Hygge? Eigentlich widersprechen Anstrengung und Schwitzen doch allen Grundsätzen des Hygge, würde man denken. Das ist aber nur auf den ersten Blick so. Bei genauerer Betrachtung stellt man fest, dass Sport uns ein immenses Wohlbefinden bringt. Natürlich, sonst würden es wohl nicht so viele Menschen freiwillig tun. Während die Aktivität selbst also nicht immer hyggelig ist, ist es alles, was davor, danach und währenddessen passiert, umso mehr. Nach der sommerlichen Radtour in einem urigen Berglokal mit Ausblick auf die Natur eine eiskalte Schorle genießen. Und davor in Ruhe die schönste Tour zusammenstellen. Nach dem Eisangeln die nassen Kleider abstreifen und bei Kaffehygge im Hyggekrog die Beine hochlegen.

5.4.2. Hygge im Alltag

Wir haben Ihnen erklärt, was Hygge ist und wie es Ihr Leben verbessern und Sie gelassener machen kann. Sicher möchten Sie nun wissen, wie Sie Hygge selbst in Ihren Alltag integrieren können. Zusätzlich zu den Tipps und Anregungen, die wir Ihnen bereits gegeben haben, geben wir Ihnen nun noch eine Anleitung an die Hand, mit deren Hilfe Sie Ihr Leben hyggeliger machen können.

Dabei sollten Sie auch Ihre Freunde mit ins Boot holen. Hygge hat es inzwischen auch über die dänischen Grenzen hinaus zu einiger Bekanntheit gebracht, doch viele Menschen wissen trotzdem noch gar nicht, was Hygge überhaupt ist. Erklären Sie Ihren Freunden, was wir Ihnen erklärt haben, oder zeigen Sie ihnen einfach dieses Buch.

Um Hygge voll in Ihr Leben einzubinden, sollten Sie zunächst überlegen, welche Bereiche in Ihrem Leben unhyggelig sind. Vielleicht ist Ihr Arbeitsplatz nicht so gemütlich, wie er sein könnte, oder Sie stellen fest, dass Sie Ihre Hobbys nicht mehr so genießen wie früher. Dann wird es Zeit, die Veränderungen in Angriff zu nehmen. Dafür beginnen Sie am besten mit einer kleinen Sache.

Eine kleine Sache, die jedermann sofort in seinen Alltag integrieren kann, ist eine Veränderung des Looks. Ein lässiger, bequemer Look ist Hygge. Dafür müssen Sie nicht einmal in ein teures Modegeschäft gehen. Der örtliche Second-Hand-Laden hat genau das Richtige für einen bequemen Look im Angebot. Auf dem Flohmarkt und im Internet finden sich ebenfalls eine Reihe von schönen Hygge-Klamotten.

Was sich ebenfalls direkt in den eigenen Tagesablauf einbauen lässt, sind kurze Momente des Innehaltens. Im Alltag ist es wichtig, immer mal wieder herunterzufahren und den Moment wahrzunehmen. Hygge ist das perfekte Werkzeug dafür. Stellen Sie sich eine Erinnerung im Smartphone oder bekleben Sie den PC im Büro mit Post-its, die Sie daran erinnern, auch mal Fünfe grade sein zu lassen. In diesen Momenten gewinnen Sie eine neue Perspektive auf das Leben und gehen den restlichen Alltag mit neuen Kräften an.

Wie Sie in diesem Buch erfahren haben, ist Hygge ein universelles Konzept. Hyggelig können Sie fast überall sein und zu fast jedem Moment. Am schönsten ist Hygge dann, wenn es nicht geplant wird. Wenn Sie das Glücksprinzip verinnerlicht haben und danach leben, ergeben sich jeden Tag neue Hygge-Momente. Sie strahlen Positivität aus und ziehen damit die richtigen Menschen, aber auch die richtigen Erlebnisse an.

„Self Care“ ist Hygge

Eine gute Massage, eine Gesichtsmaske: Auch das ist Hygge. Wer sich um sich selbst kümmert, ist mit sich im Einklang und empfindet mehr Glück.

Massage

Eine Massage entspannt Körper und Seele. Noch hyggeliger wird die Massage gemeinsam mit einem guten Freund. Ein Spa-Tag zu zweit bietet die Möglichkeit, sich auszutauschen und am Ende entspannt und bereit für den nächsten Tag zu sein.

Fußbad

Ein warmes Fußbad entspannt, beruhigt und fördert das Einschlafen. Nach einem langen Arbeitstag ist es besonders hyggelig, vor allem in Verbindung mit einem heißen Getränk und einem netten Plausch mit den Liebsten. Das Tolle an einem Fußbad ist, dass es fast kostenlos ist. Eine große Schüssel und wohltemperiertes Wasser – mehr wird nicht benötigt. Außerdem kann ein Fußbad überall genommen werden, sogar im Büro, wenn der Chef es erlaubt.

Ein Tag nur für Sie alleine

Ein wichtiger Teil von Hygge ist das Zusammenkommen mit anderen Menschen. Wenn im Leben vieles ansteht, braucht man jedoch auch einmal Zeit für sich alleine. Nutzen Sie die Möglichkeit, sich an den Lieblingsort zurückzuziehen und einfach mal nur für sich zu sein. Sie werden feststellen, dass Sie im Einklang mit Ihnen selbst Ihre Tanks schnell wieder auffüllen und schnell verarbeiten, was immer Sie beschäftigt.

6. Bonus Kapitel: Hygge-Geheimtipps

Hygge ist, einmal verstanden, im Grunde selbsterklärend. In diesem Bonuskapitel erhalten Sie wertvolle Hygge-Geheimtipps, mit denen das dänische Geborgenheits-Gefühl spielend in den Alltag übernommen wird.

1. Hygge weitergeben:

Hygge ist eine Lebensphilosophie, von der jeder profitieren kann. Geben Sie Hygge an andere Personen weiter, um Wohlbefinden in die Welt zu tragen. Und wer weiß, vielleicht entstehen mit den Hygge-Neulingen ganz neue Erlebnisse.

2. Jeden Tag eine gute Tat:

In einer noch nicht erfundenen Sprache könnte man Hygge auch mit Seelenfrieden übersetzen. Kaum etwas tut dem Seelenfrieden so gut, wie einer anderen Person zu helfen. Darum unser Tipp: Vollbringen Sie jeden Tag eine gute Tat. Überraschen Sie Ihre Arbeitskollegen mit Kuchen, geben Sie einem Obdachlosen Kleingeld, retten Sie ein Insekt...

3. Auch Verzeihen ist Hygge:

In den skandinavischen Ländern hegt man nicht gerne einen Groll. Das wird als unhyggelig gesehen und führt zu schlechter Stimmung. Darum ist auch das Verzeihen ein Teil von Hygge. Vor allem innerhalb der Familie und unter guten Freunden gilt es, kleine Fehler nicht lange nachzutragen. Die meisten Probleme lassen sich bei einem hyggeligen Abendessen oder einem hyggeligen Gespräch aus der Welt schaffen.

4. Tun Sie sich selbst etwas Gutes:

Im Alltag kommen wir oft selbst zu kurz. Das muss nicht sein, denn schon kleine Gesten genügen, um uns unsere eigene Wichtigkeit zu zeigen. Darum: Tun Sie sich selbst etwas Gutes. Das kann eine kulinarische Sünde sein, aber auch eine ausgiebige Massage oder ein Fernsehabend auf der Couch. All das lässt sich wunderbar mit Hygge verbinden.

5. Pflegen Sie eine positive Einstellung:

Wir können nicht alles beeinflussen, was geschieht, aber wir können entscheiden, wie wir darauf reagieren. Pflegen Sie daher eine positive Einstellung, auch wenn das Leben Ihnen „Zitronen gibt“, wie ein altes Sprichwort besagt. Mit einer positiven Einstellung ist das Leben gleich viel einfacher und lebenswerter.

6. Übernehmen Sie Verantwortung für Ihre Gedanken:

Gedanken führen zu Handlungen und Handlungen sind die Grundlage für die Welt, die wir um uns schaffen. Übernehmen Sie daher Verantwortung dafür, was Sie tun, indem Sie Verantwortung dafür übernehmen, was Sie denken. Pflegen Sie positive Gedanken und ergründen Sie den Ursprung von negativen Gedanken, um das Beste aus ihnen zu machen.

7. Seien Sie selbst die Veränderung, die Sie sich wünschen:

Die Welt ist wie ein Spiegel. Wir sehen in anderen, was wir selbst darstellen. Umgekehrt beeinflussen wir durch unser Auftreten, wie andere uns wahrnehmen. Eine der ältesten Redensarten lautet deshalb: Seien Sie selbst die Veränderung, die Sie in der Welt sehen wollen. Das ist manchmal leichter gesagt als getan, doch es lohnt sich, mit positivem Beispiel voranzugehen. Schnell wird man Ihnen ebenfalls Positivität und Wärme entgegenbringen.

8. Merken Sie sich das Glücksgefühl:

Glück ist ein wertvolles Gefühl, und wir können es jederzeit hervorrufen, indem wir uns daran erinnern. Mit welcher Euphorie haben Sie den Start ins Berufsleben erlebt? Und die gemeinsame Hygge-Zeit mit den Liebsten? Merken Sie sich diese Glücksgefühle, um sie jederzeit hervorzurufen. So sind Sie für jede Situation gerüstet.

9. Wertschätzen Sie jeden Tag:

Der Start in einen neuen Tag ist ein großes Geschenk, welches es wertzuschätzen gilt. Nehmen Sie den neuen Tag nicht als selbstverständlich hin, sondern nutzen Sie die Möglichkeiten, die Ihnen schon morgens vom Leben geboten werden. Wie wir im Kapitel übers Glücklichsein gelernt haben, ist Dankbarkeit die Grundlage für langfristiges Glück. Darum: Den Start in den Tag, ganz hyggemäßig, genießen!

10. Einfach mal nichts tun:

Im Alltag wollen wir gerne viele Dinge unternehmen und jede Sekunde nutzen. Das kann schnell stressig werden und hat dann nur noch wenig mit Hygge zu tun. Deshalb gilt es, auch einfach mal nichts zu tun. Lassen Sie die Arbeit Arbeit sein und lehnen Sie sich zurück. Ein entspannter Abend vor dem Kamin und sich nur der Entspannung widmen – auch das bedeutet „Hygge“.

11. Die Hygge-Notfallapotheke:

Hygge ist ein Lebensgefühl, welches am besten zu allen Zeiten gelebt wird. Die Hygge-Notfallapotheke ist für Situationen gedacht, in denen Sie eine Extraportion Hygge nötig haben. Ihr Inhalt: Kerzen, gute Schokolade, ein spannendes Buch, Urlaubsfotos, Wollsocken und ein warmer Pullover.

Alles, was ein hyggeliges Gefühl verbreitet, kommt in die Hygge-Notfallapotheke. So haben Sie immer Hygge to Go!

12. Neue Erinnerungen schaffen:

Das schönste an Erinnerungen ist, sie zu machen. Sie können damit anfangen, eine neue Tradition zu etablieren. Das kann ein gemeinsamer Spieleabend oder ein sonntäglicher Spaziergang nach der Hygge-Mahlzeit sein. Erlaubt ist alles, was Freude bringt und die Familie oder den Freundeskreis noch näher zusammenrücken lässt.

13. Kuchen genießen:

Glück kann man nicht kaufen, Kuchen schon. Gebäck, insbesondere Torten, gibt uns ein Gefühl von Wohlbefinden. Wenn Sie nicht selber backen möchten, gibt es fast überall Traditionsbäckereien, in denen Großmutter noch selbst bäckt.

14. Mieten Sie einen Schrebergarten:

Wenn Sie in der Stadt leben und keinen eigenen Garten vor der Haustür haben, mieten Sie doch einfach einen kleinen Schrebergarten. Die Parzelle im Grünen bietet Ihnen die Möglichkeit, Ihr eigenes Gemüse anzupflanzen und Kontakte mit anderen Naturliebhabern zu schließen.

15. Brieffreundschaften

Ein Brieffreund ist eine tolle Möglichkeit, Hygge auf ein neues Level zu bringen. Ein Brieffreund bringt Ihnen die Welt näher und eröffnet neue Perspektiven. Außerdem haben Sie beim Briefwechsel etwas, worauf Sie sich jeden Tag freuen können.

16. Komfortable Wollsocken:

Man kann es gar nicht oft genug erwähnen. Komfortable Wollsocken sind eines der hyggeligsten Dinge, die es gibt. Besonders hyggelig wird es, wenn die Wollsocken zuvor über dem Kaminofen aufgeheizt werden.

17. Schlafen Sie aus:

Ja, auch einfach mal ausschlafen ist Hygge. In Zeiten, in denen man immer auf Abruf bereit sein muss, haben das leider viele vergessen. Melden Sie sich für den Vormittag von der Arbeit ab – vorausgesetzt, Ihr Chef drückt ein Auge zu – und genießen Sie es, sich noch einmal umzudrehen und einfach weiterzuschlafen. Mit einem Frühstück im Bett gegen Mittag kann der Morgen beginnen.

18. Ein gutes Buch ist Hygge:

Bücher laden zum Schmökern und Entspannen ein. Darum findet sich in jedem dänischen Wohnzimmer mindestens ein Bücherregal. Ist es nicht gerade mit den Bestsellern der Literatur gefüllt, finden sich in einem hyggeligen Bücherregal auch Fotoalben oder obskure Romane vom Trödelmarkt. Alle Buchbänder, die das Hygge-Gefühl vermitteln, sind erlaubt.

Perfekt, wenn sich das Bücherregal in greifbarer Nähe zum Hyggekrog befindet. Dann müssen Sie für die richtige Beschäftigung zur Tasse Tee nur die Hand ausstrecken.

19. Machen Sie einen Spa-Tag:

Machen Sie einen Spa-Tag, an dem Sie sich selbst nach allen Regeln der Kosmetik-Kunst verwöhnen. Lassen Sie sich ein heißes Bad ein, legen Sie eine Gurkenmaske auf und genehmigen Sie sich Zeit für sich selbst.

20. Verbringe das Wochenende zuhause:

Viele Menschen nutzen das Wochenenden, um zu feiern und zu reisen. Machen Sie es wie die Dänen und verbringen Sie den nächsten Freitagabend zuhause – und den Samstag und den Sonntag auch. Machen Sie es Ihnen mit einem Glas Wein, Essen vom Bringdienst und Ihrem Lieblingsfilm auf der Couch gemütlich. Besonders hyggelig ist auch eine Schüssel Popcorn – vor allem, wenn Sie sich die Schüssel mit einer tollen Person teilen.

Schlusswort

Glücklichsein ist nur eine Entscheidung entfernt. Wer sich dafür entscheidet, glücklich zu sein, bekommt mit diesem Buch alle dafür notwendigen Werkzeuge an die Hand.

Sie sind bereit, in Ihr persönliches Glück zu investieren. Und dafür möchten wir uns bei Ihnen bedanken! Zum Schluss finden Sie mit den zwei Bonuskapiteln nützliche Tipps, mit denen Sie Hygge in Ihren Alltag integrieren. Damit kann das persönliche Glück und ein hyggeliges Leben kommen!

Printed in Poland
by Amazon Fulfillment
Poland Sp. z o.o., Wrocław

76960109R00061